사랑이라는 착각

오늘도 도끼맞은 너에게

드림헌터

박영story

추천사 1

코믹하면서도 매력적이고 도발적인, 그럼에도 정신분석의 어려운 이론들을 손쉽게 풀어낸 호주 교포 회계사의 좌충우돌 연애 심리 에세이!

• 염선욱, 정신분석가

『사랑이라는 착각』에 수록된 이야기들은 영화적입니다. 등장인물 캐릭터도 분명하고 판소리 같은 해학적인 상황 묘사가 손에 잡힐 듯 생생했기 때문입니다. 전체적으로 적절한 분량의 에피소드로 구성되어 있기 때문에 연작 드라마로 재구성되어도 무척 매력적인 변환이 될 수 있을 것 같습니다.

후방을 주의해야 할 에피소드의 연속이지만 '드림'이의 다양한 여성편력을 탐독하다 보면 어느새 마지막 에피소드를 읽고 있는 자신을 발견할 수 있을 만큼 재미난 이 책을 추천합니다.

• 문병수, 콘텐츠 크리에이터

드림헌터 님의 글을 접할 때마다 학문을 하는 사람이 글을 쓰는 재능도 겸비했다는 것은 축복이 아닐 수 없다는 생각을 합니다. 이 글은 사랑에 대한 이야기입니다.

사랑이란 무엇일까요? 사랑이란 무척 감성적인 단어라고 생각하실 것입니다. 이렇게 무엇보다 감성적으로 접근하게 되는 사랑이라는 주제에 대해 심리학이라는 학문적 통찰로 접근하고자 하는 글을 만날 수 있어 한 사람의 학자로서 무척 감탄하였습니다. 다양한 정신분석을 소설로 녹여낸 이 책을 추천드립니다.

• 이재갑, 임상심리학자, 상담심리학박사

학문적인 관점으로 쓰여진 글은 일반적으로 전문용어의 사용과 대중을 계몽하겠다는 생각이 은연중에 깔려 있어서 자칫 글을 딱딱하게 만들거나 다른 텍스트와 별반 차이가 나지 않는 방식으로 서술되기 마련인데, 이 글은 저자가 스스로 자신을 분석 대상으로 삼아서 다른 유사한 장르의 글보다 훨씬 진솔하게 다가옵니다. 제목의 라임이나 글 전개상의 비틀기 등에서도 다른 작가와는 차별화된 저자만의 위트와 개성이 분명하게 드러나서, 오히려 예술 작품처럼 느껴지네요.

• 권경아, 매체미학 연구자

추천사 2

정신분석과 관련된 글들은 그동안 남성적인 색채를 띠었다. 정신분석과 관련한 유명한 이들, 프로이트, 융, 라깡 등이 남성이기도 했지만 여성 정신분석가인 안나 프로이트나 멜라니 클라인이 쓴 글들도 모두 두껍고 단단하여 한 손에 움켜쥐기 어렵다. 그래서 여러 번 반복하여 공들여 읽어야만 그들이 전달하고자 하는 바를 이해할 수 있다. 그런 까닭일까, 많은 이들이 정신분석에 흥미를 느끼다가도 금세 흥미를 잃고 뒤돌아서고 만다.

작가의 첫 작품『사랑이라는 착각』은 이런 상황을 바꿀 수 있을 것이다. 그동안 쉽고도 재밌는 정신분석과 관련된 글을 기다린 독자들에게는 굉장히 반가운 선물이 될 것이다. 이 책은 정신분석에 흥미가 없었던 이들도 재밌게 읽을 수 있으며, 사랑에 관한 작가의 통찰력을 정신분석이라는 세련된 시각을 통해 엿볼 수 있다. 그리고 작가의 섬세하면서도 때론 직선적이고 힘있는 문체와 풍부한 상상력은 정신분석의 섬세한 관점을 더 돋보이게 한다.

또한, 이 책은 기존에 소개되었던 정신분석 관련 책들과는 차별화되는 예술적인 요소를 가지고 있다. 작가의 사랑에 대한 통찰과 소설적 상상력이 결합된 이 작품은 예술작품으로서 가치를 가진다. 그저 정신분석이론의 소개에서 그치지 않고 예술적인 요소를 더한 작가의 색다른 시도는 참신하며 귀하다. 그 덕분일까, 그의 글은 가볍고 부드러워서 한 손에 말아 쥐고 비스듬히 누워서도 읽고 싶어진다. 그리고 덮어놓으면 구김살이 잡히지 않아 이내 다시 열어서 눈에 담고 싶을 것이다.

따라서, 이 작품은 단순한 에세이나 소설을 넘어선다. 양성적인 매력이 가득한 살아 숨쉬는 듯한 작품은, 여성이라면 마치 아리따운 귀부인과 비슷하게 느껴진다. 그래서 저절로 눈길이 가 여러 번 읽어 눈과 마음에 담게 된다. 이 책을 읽게 될 독자들은 작품 속 주인공인 '드림'과 함께 울고 웃으며 정신분석의 일상적 적용을 생생하게 체험할 수 있을 것이다. 작가의 첫 작품『사랑이라는 착각』이 많은 이들에게 읽히고 오래 사랑을 받길 바라며, 작가가 앞으로도 계속해서 훌륭한 작품을 선보이길 기대한다.

· 양지선, 정신건강의학과 전문의, 시인

내 책 시집보내기

저 자신을 프로이디안이라고 감히 소개드리는 것은 제가 정신분석에 대한 이해가 깊거나 관련해서 정규 교육을 받았다는 이야기는 아닙니다. 오히려 저는 그 반대편에 있는 사람입니다. 그럼에도 이렇게 책까지 쓰게 된 것은 프로이트 선생님 글을 늘 가까이하고 그 와중에 빛나는 한 문장이나 기가 막힌 깨달음을 얻으면 그것을 잊지 않으려 메모하고 제 경험에 비추어 글로 남기려는 습관 덕입니다.

이에 더해 프로이트 선생님 글에서 기막힌 순간을 발견하면 누군가 이 감동을 나처럼 느낀 작가가 있어, 이것을 내 맘에 쏙 들게 재미있는 이야기로 풀어주었으면 하고 바라기를 오래이건만 게으른 탓에, 어딘가 있을 그런 글을 찾지 못하니 결국 제가 쓰게 된 것이 또 다른 이유입니다.

다른 선생님들이 이 글에 주신 추천사가 무색하게 저는 정신분석이란 학문을 거의 알지 못하지만 그를 공부하는 과정에서 나온 글이라고는 말씀드리겠습니다.

글을 쓰는 즐거움은 큽니다. 더구나 정신분석을 공부하다 쓰는 글들은 써가는 과정에서 새벽꿈에서도 글을 고치는 제 모습을 마주합니다. 저는 이 경험을 의식이랑 무의식이 하나가 되어 한 가지 목표를 향해가는 황홀함이라고 생각하며 즐깁니다.

어두운 곳에 있던 제 글이 이재갑 교수님 덕에 세상에 나오게 되며 이렇게 책으로 만들어 주신 박영스토리 가족들, 서체를 주신 노사임당 그리고 사랑하는 아내, 호주 고양이 SORI & BADA에게 감사한 말씀드립니다. 함께 정신분석을 오랜 시간 공부한 우리 동지들 응원 덕분에 끝까지 힘을 내서 작업을 했음도 고백합니다.

제 글에 서평을 주신 선생님들 절 아껴주시는 브런치 작가님들 모두 다 이름 쓰지 못해 죄송하고 이런 가벼운 책이라도 세상에 나오기까지 얼마나 많은 분들이 큰 힘을 써주셔야 하는지 처음 알게 되었습니다.

글 속에 나오는 드림 회계사는 제가 아니듯, 드림 군을 빛내주기 위해 더 어둡고 엉망으로 표현된 가족, 친구, 주변인들 역시 실제 인물이라기보다는 글 재료입니다.

이제 제 책을 시집보내려 합니다. 무명작가이며 아무런 힘도 없는 아비로서 부디 제 책을 재미있게 보아주시고 사랑해주셨으면 하는 소원을 독자님들께 빌어 봅니다.

모두들 사랑하며 시드니에서

드림헌터 올림

차례

1 **날 사랑한 소개팅녀** 13
Love Illusion, 사랑이라는 착각

2 **날 사랑한 여직원** 31
여자 앞에서 참지 않는 방법

3 **날 사랑한 도서관 사서** 49
성도착 선물하기

4 **날 사랑한 환자** 65
망상 선물해 주기

5 **날 사랑한 방송작가** 89
AI를 글로 이기는 방법

6 **날 사랑할 수 없는 AI** 99
AI가 우릴 극복할 수 없는 이유

7 **날 사랑한, 사모 이야기** 105
사모님을 사랑하는 방법

8 **날 사랑한 멜빵바지** 127
인생 강력 돌파하는 방법

9 **날 사랑한 법대생** 145
나르시시즘을 벗어나는 방법

10 **날 사랑한 고양이 - 1/2** 165
호주에서 외래종으로 살기

11 **날 사랑한 상담사** 175
상담 받다 말고 사랑에 빠지는 방법

12 **짧았던, 서울의 봄** 199
프로이트 성격 구조론

13 **날 사랑한 식당 직원** 209
식당 계산하다 사랑까지 먹는 방법

14 **내가 사랑한 여배우** 235
호주에서 올리는 이은주 추모제

괴로움이라는 착각

오늘도 도끼맞은 너에게!

사랑이라는 착각

오늘도 도끼맞은 너에게!

1 날 사랑한 소개팅녀

• Love Illusion, 사랑이라는 착각

우리 아버지도 특별하고 치열했던 자기 서사가 확실한 남자입니다. 그 긴 이야기는 다음 기회에 하고 오늘은 아버지로 인해 아들이 겪어야 했던 사랑에 관해 이야기를 해보려 합니다. 다분히 정신분석에 관한 내용이지만 제목이나 부제에 "정신분석"을 넣지 않은 것은 제가 정신분석에 깊은 전문성이 없기도 하지만 이 기억은 사랑 이야기이기 때문입니다. 바로 시작하겠습니다.

• 날 안고 즐거워하는 아버지

아버지는 멋쟁이에 세련된 남자였다. 지금도 그렇고 아버지의 젊은 시절 사진을 보아도 모두 인정한다. 이런저런 이유로 아버지 역시 그 당시로서는 늦은 서른 초반에 나를 첫아들로 보게 된다. 평소에 감정 표현이 별로 없는 양반이지만, 늦게 본 큰 아들에 대한 사랑이나 기대는 각별했으리라.

아버지는 크게 활짝 웃거나 주변 사람들을 감동시키는 감수성을 가진 캐릭터는 아니었다. 사람들 앞에선 말수가 적고 무척 부끄러움도 많은 남자였다.

내 기억 속 아버지는 자상함보다는 엄한 모습이었다. 아버지가 말이 없을 때면 화가 난 듯 보이기도 했는데 그런 모습이 불안했던 나는 어려서부터 침묵이나 어색한 시간이 너무 싫었다. 그래서 개그 욕심이 커진 모양이다. 사람들이 웃고 분위기가 따스해지는 것이 좋아서 늘 사람들이 모이면 그렇게 하려고 노력했다.

아버지가 웃는 모습이 좋았다. 아버지를 웃게 하면 내 불안한 마음도 사그라지면서 안도감을 느꼈는데 문제는 이런 얄팍한 개그로 아버지를 진정으로 즐겁게 할 수는 없었다. 아버지는 공부로 1등 하는, 앞으로 커서 서울대를 가고 고급 장교나 훌륭한 교수, 학자가 될 아들을 원했지만 나는 공부에 재능 있는 아이는 아니었기에 시원치 않은 내 성적이랑 행동 미숙에 아버지는 늘 실망하고 내가 학교 시험을 망칠 때면 자신이 실패한 것처럼 깊이 좌절했다.

결국 아버지랑 내 관계는 더욱 나빠졌다. 낮은 성적 때문에 혼도 나고 매도 맞았지만 그럴수록 나는 더욱 공포에 빠졌고 그 공포감은 다음 시험에 영향을 주면서 정작 시험지를 마주하면 걱정이랑 폭력에 대한 두려움 때문인지 머리가 하얗게 질려 꽁꽁 얼어붙어 문제를 제대로 풀지도 못했다. 그러니 성적은 더욱 곤두박질치고 나는 더욱 모질게 맞는 악순환이 시작된 것이다.

시간이 갈수록 나는 그런 아버지에게 복수하는 심정으로, 실패하기 위해 시험을 보는 것 같았고, 아버지 역시도 풀리지 않는 자기 인생에 대한 울화를 나에게 매질로 푸는 듯이 우리는 최악의 감정을 주고받으면서 각자 인생 실패 원인을 서로에게 투사하면서 탓하고 증오했다. 아버지는 때리는 것으로 나는 맞는 것으로 표현했을 뿐 같은 행동으로 보였다.

이렇게 성장한 아들은 연애를 할 때 어떤 모습일까? 학대를 당해야 마음이 편안할 것이다. 학대받는 것이 사랑받는 것보다 익숙한 상황이니까. 습관처럼 비굴하게 상대를 기분 좋게 웃겨주고 그렇게 웃는 상대를 보면서 가슴속으로는 눈 앞에 그를 증오했다. 왜 먼저 날 사랑해 주지 못하고, 먼저 웃어주지 못하는가? 그 상대는 다시 내게 아버지 모습으로 전이되는 것이다.

10년에 걸쳐 100번 정도 소개팅을 해 보았다. 한 달에 한번 꼴로 10년 정도 한 셈이다. 소개팅 자리에서 만나는 여성들은 90%가 긴장되어 보였다. 당연한 일이다. 내 몽타주가 원빈도 아니요. 나 역시도 아버지 피를 받아서 생글생글 처음부터 웃는 상은 아니다. 살짝 긴장한 상황에서 나는 다시 내 앞에 여성을 재밌게 해 주려 노력했고 실패하면 그것으로 우린 끝이요. 성공하고 나면 그때부턴 내가 여자에게 혐오감이 들었다. 이러니 슬픈 사랑만 하는 저주에 빠진 인간 내지 슬픈 운명이 설계한 신파가 유독 내 연애사에 반복이 된다.

이렇게 떨어져 보면 내 지난 사랑들이 실패했던 것은 당연한 결과이니 죄 없는 신이나 귀신을 원망하거나 슬픈 베토벤처럼 운명을 논할 것도 아니다. 모든 것은 이렇게 어린 시절로부터 연결되어 흐른 결과로 보인다. 원론은 지겨우니 그만하고, 실제 사례로 들어가 보자. 그게 더 재미있으리라.

연구원으로 일하는 친구 망둥이가 2008년, 갑자기 이메일로 여자 사진 하나랑 소개팅 어떠냐는 뜬금포를 보내왔다. 이때는 회계사 시험을 공부하며 직장에 다닐 시절이라 그냥 흐지부지 끝나고 말았다. 그리고 2012년에 다시 연락이 왔다. 4년 전 그 친구 아직도 솔로인데 지금 다시 연락해 보라는 것이다. 나도 나지만 그 친구도 참 대단하다. 한국에 남자도 많은데 4년간 독수공방 연애도 못하다니.

이때는 나도 회계사 시험 합격하고 호주 회사에 재무담당으로 일을 하고 있어서 어느 정도 생활이 안정이 되었고 나이도 서른 중반이니 슬슬 결혼 생각도 들었다.

이세나

서울대학 나오고 망둥이랑 입사 동기로 같은 연구원이다. 키가 165cm라는데 얼굴이 CD로 가려질 만큼 작아서 실제 비율은 모델 같았다. 몸매도 늘씬했고 종아리도 너무 예뻤으니 모든 것을 다 갖춘

"차.도.녀."였다.

내가 와서 직접 얼굴을 보여줘야 연결해 주겠다는 망둥이 고집에 나는 소개팅을 하러 9천km 떨어진 한국에 간다. 오랜만에 가족도 보고 친구들이랑 회포도 풀겠지만 그것보다는 소개팅 때문에 고국에 간 것이다. 얼마나 절박했으면 그랬으랴 지금도 이해는 간다.

우여곡절이 있었지만 생략하고, 어쨌거나 망둥이 소개로 그렇게 세나를 만났다. 세나가 일 때문에 약속 장소에 늦게 나타는 덕에 나는 망둥이에게 궁금했던 몇 가지를 묻는다. 그리고 그렇게 스펙 좋고 예쁜 여자가 왜 계속 싱글인가라는 질문에 답을 얻었다.

• 시드니, 2014

세나는 아주 독실하다 못해 지독한 기독교 신자였다. 주에 6일은 교회에 간다고 했다. 취미는 새벽기도요, 특기는 주말 내내 교회에서 사역하는 것이라니 거의 직업으로서 사제 같다는 생각이 들 정도였다. 그런 사람을 내가 과연 행복하게 해 줄 수 있을까? 이 말을 미리 하면 내가 안 올 거라 생각했는지 망둥이는 소개팅 10분을 남겨 놓고 이걸 고백했다. 어쩌랴 이미 엎질러진 물인 것을!

황당하면서도 한편으론 똑똑하고 이쁘면 된 거지 뭘 더 바라냐고 스스로를 위로했다. 이제야 친구 멱살을 잡으면 뭐 하겠냐 싶었고, 내 앞에 나타난 세나 모습에 나는 더이상 할 말이 없었다. 기독교가 아니라 조로아스터교 신자라고 해도, 대학은커녕 학벌이 없고 어리석은 사람이라고 해도, 내겐 상관이 없었다. 살아 숨쉬는 환상, 내 이상형 그 자체였다.

단발머리에 기본만 한 화장, 투피스 차림에 회사원 복장이지만 그 단출한 복장을 뚫고 흐르는 여성스러움이랑 쭉쭉 뻗은 팔다리는 가꾸지 않아도 매력이 줄줄 흘러내렸다. 정말 오랜만에 보는 미인이고 호주에서 소개팅 100번을 하면서는 보지 못했던 한국 미녀였다.

더욱이 우리 세나도 아버지나 나처럼 전두엽이 약한지 감정 없이 냉혹해 보이는 그 무표정한 얼굴은 이상하게 나를 자극했다. 이 여자를 꼭 웃기고 싶었다. 망둥이가 잘해보라며 먼저 가고, 나는 스탠딩 코미디 배우가 되어 두 시간을 털었지만 하품 아니면 멍하니 창밖을 보는 것이 세나가 내게 보여준 전부였다. 비행기표가 쓰레기통에 들어가는 기분이랑 상대를 웃기지 못한 어색한 광대가 된 내 모습은 비참해지기 시작했다.

피자 잘 먹었다고, 됐다며 그만 가자는 것을 사정 사정해서 커피까지는 마시고 끝내기로 하고 시간을 조금 더 벌었다. 하지만 마찬가지였다. 상대에 맞추어 기독교 개그도 해보고 내 자랑도 슬쩍 넣고 별의별 짓을 다 했지만 상대는 표정에 변화가 전혀 없다. 결국 유재석이 와도 힘들 정도로 분위기는 급랭했고 나도 지쳐갔다.

그리고 어떤 영화를 좋아하는지 마지막으로 승부수를 던졌고 내가 좋아하는 배우가 '소지섭'이라고 하자 거기서 세나가 쓰러졌다. 세나는 '소지섭'이란 세 글자에 강하게 오르가즘을 느꼈는데 이상형이 소지섭이었던 것이다.

소지섭 이야기에 화색이 돌자 나는 소지섭에 대한 내 모든 지식이랑 영화에서 본 것들을 최대한 쏟아내며 세나 관심을 잡기 시작했다.

세나 주변에 소지섭을 닮은 상무님이 있다는 말에 '좋겠다'며 맞장구쳐주고 그 상무님 아이들이 마침 시드니에서 유학한다는 것 등등 옆에서 보면 아무 말 대잔치 같은 대화였지만 나는 어느 정도 승기를 잡은 듯했다.

하지만 그것으로 끝이었다. 소지섭 이후에는 또다시 공통 주제를 찾지 못하였고 첫날은 그렇게 헤어졌다. 다음날이 당시는 공휴일이던 '한글날'이었지만 회사 일로 바쁘다며 호주에서 온 사람 따위는 만날 시간이 없다고 했다. 뭐 이런 여자가 있는가 정말 황당했고, 망둥이도 내게 연신 '미안하다, 미안해' 머리가 땅에 닿도록 사죄했지만 딱히 누구 잘못이라고 몰기에는 힘들었다.

너무도 실망해서 호주에 돌아왔고 다시 지독하게 외로운 날이 오자 나는 미친 척하고 세나에게 카톡을 보내 보았다. 어쩐 일인지 카톡으로 마주하는 세나는 다른 사람이었다. 눈앞에서 보는 세나랑은 너무도 다르게 친절하고 상냥하며 무엇보다 나를 좋아한다. 그래서 우리는 생각지도 못하게 카톡으로 연애를 시작했다.

하루 종일 카톡을 하고 틈만 나면 전화를 했다. 출근길부터 시작해서 눈 감는 시간까지, 회사에서 내 동료 누가 어떤 성격이고 내가 지금 어떤 업무를 하는지 실시간으로 전하고 나 역시도 세나 회사 동료, 부장님 이름 취향 등을 다 알게 되었다. 아마 부부도 이렇게까지 서로 생활을 공유하지 못할 것이다.

하루 24시간 중에 세나를 생각하지 않는 시간이 없었으며, 9천km 떨어져 있지만, 스마트폰 덕에 늘 연결되어 있었다. 서운한 것도 싸울 건덕지도 없었다. 모든 대화는 매번 더욱 재미있고 밀당을 하던 농담을 하던 진지함을 나누던 의식이랑 무의식이 하나로 합쳐진 듯 완벽하게 맞았다. 단순히 연애가 아니고 내 안에 있다는 여자 모습을 세나에게 찾은 듯했고, 세나 역시 매 순간 나로 동일시하면서 우리는 그 자체로 하나였다.

상황이 이렇게 진전되자 나는 몇 개월 만에 다시 고국행 비행기를 탄다. 그런데 놀랍게도 다시 만난 세나는 첫날 만났던 어색한 모습

그대로였다. 호주에서 전화로 느꼈던 세나가 아니라 대전 역에서 날 보는 순간 완전히 얼어버리더니 가까이 오려 하지도, 눈을 맞추려고 하지도 않았다.

이번에는 아예 결혼을 생각하고 갔기에 세나 가족도 다 같이 만났지만, 단기필마 홀로 적진에 내려간 내 편을 드는 것은 세나가 아니라 세나 가족이었다. 세나가 날 이렇게 어색해하는 모습에 나도 세나 가족도 어찌할 바를 몰랐다.

황당함을 넘어서 너무 큰 굴욕감을 느낀 나는 뒤도 돌아보지 않고 작별을 고했다. '사람 가지고 장난치시는 거 아니에요. 당신 때문에 한 남자가 호주에서 두 번이나 다녀왔다는 것만 알아주세요' 이 문자 한 통을 보내고 정리했다. 하지만 이렇게 눈에서 멀어지자 세나는 다시 내 사랑스러운 세나로 돌아왔다.

"드림 씨, 너무 잘못했어요. 제발 전화 통화 한 번만 해주세요. 전화 한 번만 받아 주세요. 날 이 지옥에서 구해주세요."

여기서부터 보이는 세나 집착은 상상을 초월했다. 구글링을 했는지 십 년 전에 쓴 글들까지 모두 털어서 내 신상에 관련된 것을 모으고 관련된 사람들에게 연락을 했다. 하루는 일하는데 리셉션에서 연락이 왔다.

"Dream, I have a phone call from Seoul now. Do you happen to know Sena?"

(드림, 한국에서 찾는데, 혹시 세나라는 사람 알아요?)

세나는 마치 사이버 연애에 특화된, 롱디만 해야 하는 사람인가? 그때는 짜증 섞인 농담조로 이야기했지만 오싹하기도 했다. 그렇게 3년을 부부처럼 친밀하게 소식을 전했다지만 현실에서 세나를 느낀 것은 손 두 번 잡은 것이 전부였다. 그 이상, 키스 같은 행동은 감히 생각도 못할 일이다.

전화로 세나 지난 이야기를 들은 것들 중에 왜 그가 이런 특이한 성격을 가지게 되었을까 단초가 될 만한 것을 찾아본다. 본인 삶에 가장 큰 충격이라고 말한 '바바리맨' 습격 사건 때문이 아닐까? 고등학생이랑 대학생 때 두 번 바바리맨을 본 적이 있다고 했다.

여고에 가끔 그런 노출증을 가진 도착자들이 나타난다는 것은 익히 영화나 뉴스에서 본 적은 있는데 세나 역시 시각 테러를 당했던 모습이다. 다른 여학생들이랑 차이점은 이 공격이 세나에게는 무척이나 큰 상처를 주고 기억에 남은 듯했다. 그리고 대학에 가서 두 번

• **오페라 하우스, 실버맨, 2012**

째 노출 테러를 당했을 때는 다리가 풀려서 반 실신상태로 그 자리에 주저앉아서 걷지도 못했다고 했다.

바바리맨들 행동 특성상 강간 시도보다는 노출 테러 후에 도망치는 경우가 많기에 혼절해서 쓰러진 세나를 바바리맨이 추행한 것은 아닐 테고, 이야기를 들어보면 그 두 번째 경험이 실제였는지 환상 속에서 일어난 것인지도 명확하지 않을 정도로 어두움에서 빨리 지나갔다고 했다. 물론 공포감을 느꼈다면 그게 사실이던 환상이던 결과는 같다.

더 자세한 질문을 할 수는 없었지만 그 후로 세나는 남자를 대면하는 것에 공포심 내지 큰 거부감이 있는 듯했다. 내 사랑을 방해하는 수많은 사연들, 이유들 중에 하다하다 염병할 바바리맨도 끼어든다. 내 인생에 참 별의별 것들이 다 태클을 놓는다.

아마 세나는 남자 알몸에 대한 극한 혐오감이나 남자 성기에 대한

• **대전, 2014**

증오심도 보이는 듯했다. 상황이 이러하니 주변에 남자들이 세나에게 다가간다는 것은 늘 쉽지 않았고, 서른 후반이 가까운 그때까지 세나는 변변한 남친도 없으니 섹스는커녕 키스도 해본 적이 없었다. 남자 경험이 너무 많아도 유교 보이들은 질색한다고 하지만 이런 성향 여자를 이해하고 좋다고 할 남자도 많지 않을 것이다.

물론 나는 그런 세나가 좋았다. 이래서 친구들에게 내가 늘 미친놈 소리를 듣는 것 같다. 심지어 이런 서사를 옆에서 지켜본 망둥이도 그만 때려치우라고 하면서도 몰래 다시 세나에게 연락하는 내 모습을 보면 학을 뗐다.

세나는 성욕은 철저하게 숨기고 자신을 엄한 아버지 대하듯 쩔쩔매는 나를 좋아했고 나 역시 무표정한 얼굴로 나를 학대하는 듯한, 아버지를 연상시키는, 세나를 기어이 웃게 만드는 일들로 행복했다.

우리는 이렇게 각자 다른 욕구를 충족하며 서로를 연인으로 사랑했다고 착각했는지도 모르겠다.

세나는 떨어져 있으면 평균 이상으로 감정 표현을 잘하는 여자였다. 카톡으로 '내 남자가 되어 주세요'라는 글을 받았을 때 느낀 영광은 살면서 절대 잊지 못할 눈부신 기적이었다. 그 후론 독일로 같이 여행 가자고 조르는 세나에게 가지 못한다고 핑계를 대느라 바빴다.

이런 미인이 해외여행 같이 가자는데 거부를 해야 한다니 씁쓸했다. 세나 성격상 그 여행은 각 방을 쓰면서, 여행 중간중간 수요일이나 주일이 되면 가까운 교회를 찾아야 하는, 무척이나 피곤한 성지순

례가 될 것이 뻔하기에 아래에 사는 령(靈)이 전혀 동요하지 않았다.

그리고 결국엔 카톡으로 '우리 결혼할까?'라는 고백도 세나에게 받고 말았다. 그에 답을 하지 못한 나는 결국 그것으로 관계가 끝났다. 세나는 그날로 나를 완전히 지웠지만 나는 그 사랑이 식는데 2년은 족히 걸렸다. 결국 세나를 알게 되어 내 인생에 5년, 서른 중반부터 마흔까지가 이렇게 글 한 편으로 지나간다.

사랑하는데 2년, 헤어지는데 1년, 그리고 잊는데 2년, 싱글 남자로서 황금기인 30대가 그저 그렇게 갔다.

사실은 세나랑 결혼하고 싶었다. 하지만 이런 관계가 결혼을 하면 어떤 고난을 불러올지 나도 장담을 할 수가 없고 이겨낼 자신도 없었다. 나는 분명 세나를 사랑하고 세나 역시 누구보다 나를 원했지만 우리 사랑 이야기가 나에게는 꿈이나 환상처럼 여겨지고 현실감을 주지 못했다. 좋은 의미랑 나쁜 의미 모두를 가지고 있는 그 환상 말이다. 착각이랑 환영 사이를 오가는 황홀한 그 환상.

환상이 어느 정도 있어야 결혼을 한다지만 착각으로 결혼할 수는 없었다.

나는 정신분석가가 아니다. 그러니 내 증상이나 세나가 보였던 신경증 비슷한 증세를 진단하거나 해결할 방법을 알지 못한다. 나아가 정신분석가라고 하더라도 환자랑 결혼할 수는 없는 일이다. 다만 시간이 흘러 내가 사랑했던 그날들을 이렇게 떠올리며 또 다른 내 모습을 찾아본다.

우리는 정신분석가에게나 실토해야 하는 연상들을 배우자나 애인에게 하는 버릇이 있다. 좋을 때야 상대방도 그것을 들어주고 위로해 주겠지만 상대 역시 정신분석가가 아닌 이상 평생을 그렇게 해주기는 버겁다. 나에게는 이렇게 글을 쓰는 습관이 있어 내 속에 억압되어 있는 것들을 풀어내며 실패한 초자아인 아버지를 버리고 흠결 없는 새로운 초자아이며 분석가 같은 누군가를 그리고 있지만, 불행히도 누군가 연상을 들어줄 준비는 되어있지 못하다.

글을 마칩니다. 결국 저는 세나보다 먼저 결혼을 했고, 결혼 1주년을 기념하며 고국을 방문했을 때 나를 보러 온 망둥이랑 저녁을 먹게 됩니다.

"드림아, 결혼식날 보고 딱 1년 만이네. 나 오늘 어디 갔다 왔게?"

• 대전, 2014

"응? 옷이 무슨 결혼식장 다녀온 놈 같은데?"

"흐흐흐, 네가 아주 잘 아는 사람 결혼식장 오늘 다녀왔지."

망둥이가 그 이야기를 하는 순간 오늘 세나도 결혼했다는 것을, 듣지도 않고 미신처럼 알게 됩니다. 정확히 세나는 내가 결혼한 날 365일 후에 결혼을 한 것이죠. 즉 우리는 결혼기념일이 갈습니다. 순간 나는 망둥이에게 '사진 줘봐' 하고는 세나 결혼식 사진을 망둥이 전화기에서 봅니다.

마치 아끼던 여동생이 시집간 모습을 보는 오빠처럼, 연인으로서 사랑이랑은 또 다른 감정이 뜨겁게 올라옵니다. 신랑은 뭐 하는 사람인지, 너는 이야기해 보았는지, 성실한지, 괜찮은 남자인지 속사포처럼 쏟아지는 내 질문에 망둥이는 '미친놈아, 그만 정신 좀 차려라'면서 전화기를 확 빼앗아 갑니다.

정신분석에서는 '망각'도 방어기제로 쓰인다고 합니다. 잊고 싶은 갈등, 상처들을 망각이라는 기제를 사용해서 억제하는데 그 주변에 묻어 있는 추억뿐 아니라 현실 일부도 함께 딸려 들어가기에 문제가 됩니다.

그래서 그날 이후 나는 세나를 잊기 위해 결혼기념일을 잘 챙기지 못합니다. 세나를 잊었고 또 잊기 위한 망각이 발동하여 다 함께 무의식 저편으로 순장하는 과정에서 잊히는 것입니다.

이것으로 결혼기념일을 자주 잊는 것을 나름 분석해 보았습니다. 그러니 아내들이여, 이런 사건을 마주함에 꼭 서운하다고 할 것은 아닙니다.

이것으로 우리 모두는 행복해집니다.

이만 총총

이라는 착각

오늘도 도끼맞은 너에게!

2 날 사랑한 여직원

• 여자 앞에서 참지 않는 방법

잘 나가던 회계사가 한 여자를 사랑하면서 찬란하던 인생이 무너지는 서사를 정신분석 치료과정에서 종종 발생한다는 역전이(counter transference)랑 비교해 보겠습니다. 정신분석가가 환자에게 휘둘리며 생기는 역전이 현상은 흔히 사랑에 빠지는 과정이랑 비슷하다고 생각해서입니다. 아래 이야기도 순수 창작입니다. 오해 없으시길 진심으로 바라옵니다. 시작합니다.

호주 사람들이 피하는 직업 중에 하나가 회계 일이다. 어지간히 미치지 않고서는 태어나면서부터 골치 아픈 숫자 만지는 일을 좋아할 사람은 없다. 그래서 이 직업 역시 우리 이민자들에게 많이 할당되어 영주권도 수월하게 받고 일자리도 많은 편이다.

나 같은 경우는 처음 유학 왔을 때 날 지도하시던 삼촌께서 'IT 할래, 회계할래? 둘 다 요즘 영주권 잘 나온다더라'는 질문에 잠시 고민하다 아무래도 회계사가 되면 여자들이 더 좋아할 것 같다는 오산으로 여기까지 온다. 결국 내 인생을 복기해 보면 여자들에게 잘 보이려고 선택했던 과정을 이어 놓은 것뿐이다. 누구나 나 같은 선택을 반복해서 하다 보면 지금 이 자리에 서게 될 것이다.

대학교 2학년부터 회계 사무실에서 일을 시작했으니, 첫 사회생활부터 회계사였지만 생각처럼 여자들이 환호하지는 않았다. 영주권이 없어서, 차가 없어서, 대기업이 아니라서, 세무사 자격증이 없어서, CPA가 없어서, CFA가 없어서... 하나를 해결하면 또 다른 세계가 계속해서 나를 기다리고 있었다. 결국 대충 이런 조건을 다 맞추고 보니 우울한 삼십대 중반이 되었다.

회계사로서 대략 이룰 것은 이뤘다지만 정작 필요한 여자들 관심은 얻지 못했으니 주객이 전도된 상황이었다. 내가 원한 것은 이게 아닌데 하는 아쉬움이 컸으나 이제부터라도 열심히 찾아보기로 했다. 생활이 안정되니 나름 자신감도 붙어서 소개팅에 나가도 예전 같지 않았다. 변호사, 의사 잘 나가는 여자들을 만나도 크게 주눅 들지는 않았다. 그분들 마음을 다 사지는 못했다만 성공 확률은 예전에 비할바가 아니었다.

지난 시간을 보상받으려는 못난 욕구가 발동했는지 어지간히 예쁘고 스펙 좋은 여자를 만나서는 마음이 쉬이 가지 않았다. 이렇게 해서 나는 또 몇 년을 소개팅만 하며 그냥 보내게 된다. 이 당시는 특수 자산을 다루는 호주 기업에서 일했는데 부사장급인 CFO 바로 아래 직함이라 회사 조직도를 보면 내 위로 몇 명 없었다. 그럴수록 나는 더욱 교만해지고 깊이 외로워졌다.

이 호주 회사에서 나는 진심으로 열심히 일을 했다. 그 당시 내 자존감은 회사 직함에서 나왔기에 회사를 위한 희생은 날 위한 희생이며 기쁨이자 자랑거리였다. 회사도 그런 나를 무척이나 예쁘게 봐주어서 나는 2년간 단 하루도 병가를 쓰거나 업무를 쉰 적이 없는 전무후무한 기록을 세워 회장님으로부터 각별한 총애랑 선물도 받았다. 우리나라 기업 문화에서 2년 무결근이야 별것 아닐 수 있지만 1년에 열흘 마음대로 쓸 수 있는 호주에서 병가 2년 치를 반납한 내 충정에 회사는 감동했다.

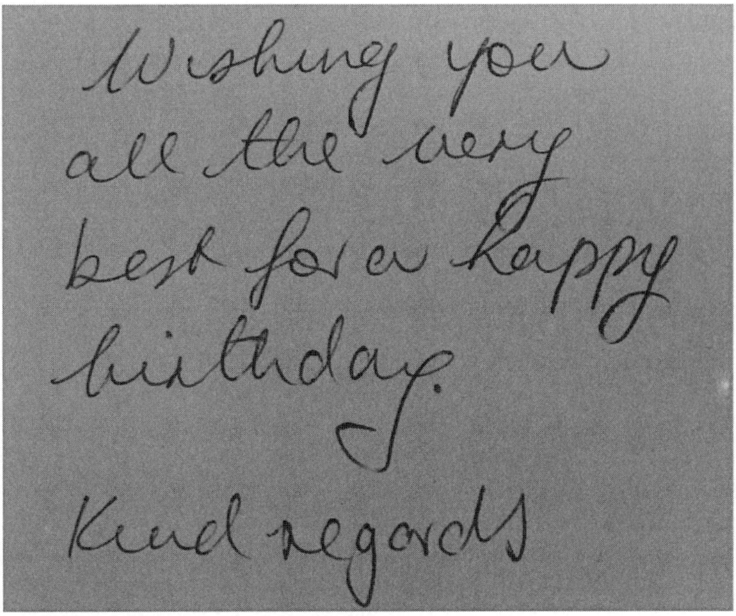
Wishing you all the very best for a happy birthday.

Kind regards

• 당시 회장님께 받은 손편지, 가보로 물려줄….

호주 회사 안에 나름 작은 한국도 만들었다. 그 당시 명지대나 경희대 등 대학교랑 정부가 지원하던 인턴 프로그램을 통해 많은 한국 대학생들이 시드니 우리 회사로 왔고 그중에 일부는 정식 직원으로, 내 assistant 등으로 채용하여 나는 그 생태계에서도 유명해졌다.

이렇게 소문이 나자 호주 대학에서도 연락이 왔고 주변 지인들로도 청탁을 받았다. 보통 한국 사람들은 큰 호주 회사에 들어가면 그 때부터 사다리를 걷어차고 교민 사회랑은 연락을 끊는다.

행여라 똥물이라도 튈까, 혹은 호랑이 새끼를 키울까 전전긍긍하며 은둔 생활을 했지만, 오로지 여자를 만나야 했던 나는, 아래에서 올라오는 령(靈)이 그렇게 하는 것은 바보 같은 일이라고 하여 반대로 오지랖을 떨었다.

내게 부탁하는 한인들 청탁은 거의 모두 들어주었다. 그러다 보니 업무 효율이 떨어지는 아이들도 있어 욕을 먹었지만 스무 명 가까운 인턴 학생들 중에 한두 명 문제이니 회사 측에서도 눈감아 주었다.

이렇게 꿈인 듯 환상인 듯 성공한 회계사 삶을 몇 년 만끽하던 차에 예전 교회 집사님으로부터 연락이 왔다. 역시 인사 청탁인데 이번에는 좀 특이했다.

> "드림 형제, 잘 지내죠? 회계사님 통해서 소식 들었어요. 성공해서 훌륭한 회사에서 일하신다고요."

집사님이 부탁한 여학생은 다른 대학생 인턴들이랑 비교하면 나이가 상당한 서른이 넘은 분이었다. 우선 어렵게 부탁하시는 상황을 고려해서 이력서를 받았고, 아주 정직하고 성실하며 생긴 거랑 다르게 착하다고 들었다.

나는 여기서 뭔가 이상한 느낌이 왔다. 대부분 여자들이 다른 여자 외모를 칭찬하는 경우가 어떤 뜻인지 그때는 알고 있었기 때문이다. 여자들이 인정하는 예쁜 여자는 나랑은 맞지 않는 것을... 상대 외모를 묻지도 않았고, 그런 자리가 아님에도 집사님은 이런 말을 왜 굳이 하셨을까?

"착하게 생겼네." "공부 잘 하게 생겼네." "인상이 좋으시네요." "사람좋아 보이네요." "남자답게 생겼네요."	못생김
"싸가지 없게 생겼네." "꼭 기생오라비 같네." "재수 없게 생겼네." "좀 놀았겠구만." "여자 속 꽤나 썩였겠어."	잘생김

• **잘생김, 못생김 구분법**

"어려운 환경에서도 공부를 했고 지금은 회계를 전공해서 두 번째 인생을 시작해보려고 하는데 직장 경험이 없어서 고생 중이니 꼭 좀 도와주세요."

그리고 처음 면접날, 집사님 손에 이끌려 수줍게 온 소향이를 처음 보는 순간, 회의실 문을 열고 면접을 보겠다며 들어오는 그 친구를 보는 그 순간! 인생이 심하게 꼬일 듯한 예감이 들었다.

"집사님, 이렇게 생긴 게 착한 거예요."

168cm 키에 투명한 피부, 동그랗게 큰 눈은 장동건이 "여보, 여기서 뭐 해?" 할 지경이었다. 고소영 친동생이라고 해도 순진한 호주 이민자들 반은 믿을 듯했다. 이날 이후 나는 여자들 말은 엄마 말도 믿지 않기로 했다. 특히 여자가 여자를 평가하는 대목은 무조건 반대로 듣기로 한다.

면접이고 뭐고 화기애애한 이 분위기는 모두를 행복하게 했다. 메시가 수원 삼성 면접을 본다고 해도 이렇게 부드러울까 싶었다. 되셨고요. 그만 식사나 하러 가시죠! 들고 온 이력서 따위는 관심 밖이었고 우리는 합격을 축하하기 위해 시내 근처에 근사한 일식집에서 식사 후, 소향이는 다시 나를 따라 회사로 돌아왔다.

한국 대학이랑 인턴 계약 조건 중에 일주일에 한 번은 회사 측으로부터 교육을 해달라는 것이 있다. 나야 이렇게 사람들 앞에서 말하고 글 쓰는 것을 좋아하니 원래도 그 일을 좋다고 했지만, 소향이가 우리 조직에 합류한 이후로 요식 행위에 지나지 않던 그 세미나에 나는 목숨을 건다.

시드니 시내가 다 내려다 보이는 본사 27층 제일 좋은 회의실을 예약하고 모든 인턴 직원을 불러서 위대한 분위기를 조성했다. 바깥쪽 통창은 오페라 하우스가 보이고 안쪽 통창은 노랑머리 호주 직원들이 바쁘게 지나가면서 우리 회사에 무슨 한국 애들이 이렇게 많은가 힐끔거렸다. 그중에서는 이런 상황을 무척이나 불편해하는 마틸다 같은 인간들도 섞여 있고, 돌이켜 보니 이렇게 튀어나온 못은 결국 호주인들의 시샘을 받는다.

인턴들 업무랑 크게 상관없을 수도 있지만 나는 호주 세법 역사부터 시작해 우리 회사 역사를 관통하는 직강을 준비해 열과 성을 다해 토해냈다. 지금 내가 생각해도 명강의다. 날 보는 수많은 인턴들 호기심 어린 눈동자 앞에서 나는 작두를 탄 만신/무당이 되었다. 특히 이런 내 모습을 꿀이 뚝뚝 떨어지는 눈동자로 올려다보는 소향이를 힐끔거리다 보면 두 시간 직강도 짧았다.

인턴 업무라는 것이 아무래도 단순한 허드렛일 수준이다 보니 일이 없는 경우 다른 인턴들은 지들끼리 숨어 놀기 바빴지만 소향이는 늘 내 자리로 왔다. 소향이가 직접 내게 업무를 받는 포지션도 아니고, 정 일이 없어 몇 시간 쉰다고 해서 쥐 잡듯 할 사람도 없는데, 그 친구는 그렇게 잠시라도 틈이 나면 아기가 엄마를 찾듯 날 찾았다.

"회계사님, 말씀하신 일 다 수행했습니다."

짧은 반바지에 복실복실한 털 옷 top을 입은 소향이는 군인처럼 말을 하며 내 앞에서 열중쉬어 자세를 취하고 꼿꼿하게 섰다. 무슨 명령이던 하달만 해달라는 사랑스러운 솔저였다.

"아, 그럼 이것 좀 해줄래요?"

나도 소향이가 올 것을 대비해서 너무 어렵지 않을 일을 준비해 두었다가 맞이해 주면 그렇게 기뻐할 수가 없고 한치에 오차도 없이 그 일을 마치곤 또 신이 나서 달려오는 소향이 모습은 내 눈에도, 다른 인턴들 눈에도, 마틸다 그 인간 눈에도 다 보였다.

나는 이때 무척이나 혼란스러웠다. 내가 장동건이 아닌 것도 이유지만 소향이는 내 직원이자 교육생 신분이었기에 그가 내게 보인 이런 호감이란, 내 true face를 본 것이라기보다는, 위계를 통한 환상 속 '나'를 보고 만든 착시였기 때문이다. 더구나 나는 신사인 척 소향이에게 적절한 거리를 두며 곁을 주지 않고 어른스러운 모습을 유지했는데 이것이 소향이를 더욱 미치고 몸살 나게 했다.

금요일이면 한국인 전 직원이 모여서 근처 호텔에서 스테이크로 점심을 먹던 (내가 만든) 전통은 소향이 이후로 거의 매일 점심으로 확대시켜 우리가 더 자주 볼 수 있게 했고, 내가 이렇게 살짝 어중띤 거리를 유지하면 소향이는 또 그 거리만큼 깡총 뛰어와, 내가 기대한 내 옆에 자리했다.

소향이는 궁금한 것도 많은 학생이었다. 다행히 그가 묻는 질문은 내가 곤란할 만큼 어려운 것은 아니었기에 소향이에게 나는 척척박사이면서 세상 가장 현명한 남자였다. 소향이 질문이라면 나는 하던 일도 멈추고 이면지에 슥슥 그림까지 그리면서 자세하게 설명해 주었다.

그 주제를 다음 세미나에 추가해서 모두가 보는 앞에서 더 멋지게 칠판에 그리면서 교육을 할 때 소향이 얼굴을 보면 거의 오르가즘에 다달하는 희열을 느끼는 듯, 마치 나랑 자기만 아는 어떤 비밀스러운 교감을 보내듯이 하얀 볼이 발그스레 달아오르며 그 고운 입술이 살짝 벌어지면서 가지런한 하얀 치아가 촉촉하게 젖는 것이 보였고 나도 같이 흥분을 했다(다시 말씀드리지만 이거 다 지어낸 이야기입니다^^).

소향이 개인사는 책 한 권 감인데 아무래도 개인사이니 살짝만 다루자면, 한국에서 이혼을 하고 호주로 와서 새롭게 인생 2막을 준비하는 늦깎이 대학생이었다. 졸업을 1년 앞두고 있는 상황에서 우리가 만난 것인데 비자도 취업도 돈도 모두 어렵고 쪼들리던 상황이었다. 그러니 누군가를 취업시킬 수 있는 권한이 있고, 결혼하면 영주권을 줄 수 있는 호주 남자로서 회계사는 소향이에겐 인생 정답이며, 그 불안한 증상을 한 번에 날려버릴 치료자였다.

상황이 이렇게 되자 소향이에게 지켜야 했던 중립성 의무를 나는 점점 저버리게 된다. 이때부터는 단순히 불쌍한 친구구나, 힘든 일이 많았겠다는 의식상 감정선도 넘는다. 내가 소향이에게 꼭 필요한 사람이라는 확신이 무의식에서도 나오며 그가 꿈에 등장하기 시작했다.

그것으로 멈추지 못한다. 나는 소향이가 더욱더 내게 의지해 주기를 바랐고 그런 장치랑 상황을 만들어냈다. 결국 내 목표는 소향이를 내 마음대로 지배하고 조종하는 것이었다. 그리고 사랑을 넘어선 단계인 관음증도 소향을 향해서 보이기 시작한다. 소향이 모든 사생활이 궁금해지고 소향이에 대한 소식을 알기 위해 평소 친하지도 않은 다른 여자 인턴들이랑도 말을 섞으며 눈치채지 못하게 궁금한 것을 은근히 추궁했다.

소향이도 사람인지라 가끔은 내게 실수도 하고 피곤한 얼굴도 보였는데 그럴 때면 나는 몹시 화가 나서 벌써 나를 싫증내는가 극대노했다가도 다시 불쌍하게 보여 동정심이 일고 무슨 문제가 있는가 걱정이 파도처럼 밀려왔다가 결국에는 소향이랑 잠자리하는 상상으로까지 간다. 서로가 미친 듯이 탐닉하며 알몸으로 마구 섹스하는 생각까지 하게 된 것이다.

평소 성욕을 변변히 해소하지 못했던 나는 이런 혼란스러운 감정을 주는 소향이로 인해 생활이 무너질 지경으로 엉망이 되었다. 일도 손에 잡히지 않고 행여 소향이가 다른 젊은 남자 인턴들하고 커피를 마시러 가거나 나를 멀리하는 듯한 모습이 보이면 정말이지 돌아버릴 지경이었다.

하루는 그렇게 소향이랑 키득거리며 웃던 남자 인턴을 나중에 다른 핑계로 내 자리로 따로 불러서 별것도 아닌 생트집을 잡아 눈물이 쏙 나도록 혼쭐을 내기도 했다.

잘 나가는 회계사라며 치장했던 내 알량한 가면은 소향이라는 사람으로 인해 인어공주 물거품처럼 부서지고 내 얄팍한 근성이 점점 만천하에 드러나기 시작했다. 그러면서도 소향이랑 사귀자고 할 만한 그 어떤 단초나 빌미를 찾을 수가 없이 시간은 속절없이 갔고 오히려 소향이는 시간이 가면서 나라는 인간에 대한 환상이 사라지는지 점점 날 보는 그 눈빛에서 하트가 지워져 갔다.

우리 회사는 특성상 회계사들이 많이 있는 조직인데 그중에는 별의별 놈들이 다 있었다. 윌리암, 이 놈 이름은 실명으로 간다. 지켜줘야 할 하등에 이유를 알지 못하기 때문이다. 마흔살쯤 되었을까 하는 콜롬비아 놈인데 결혼은 오지게도 일찍 해서 큰애가 벌써 우리 인턴들 또래였으며, 어찌나 호색한 놈인지 모른다.

하루는 여자 인턴들끼리 무슨 이야기하는 것을 내가 옆에서 듣게 된다. 인턴 마치고 가면서 후배들에게 인수인계를 하는 매뉴얼을 만드는 작업을 하던 중에 내가 슬쩍 검토하는 일이 있었다.

"다들 매뉴얼 잘 만들었네요. 수고했어요."

"비공식 매뉴얼도 잘 준비 중입니다. 회계사님^^"

내 칭찬에 기분이 좋아서 농담을 한다는 것이 감추려던 비밀을 말해 버린 것이었다. "그게 무슨 말이죠?"라고 물으니 옆에 있던 다른 여직원 인턴이 그제야 정색을 하며 쿡 찌르고는 "별것 아닙니다. 농담입니다." 하며 수습하려는데 역시 여기서도 여자 말은 반대로 들었다. "빨리 이야기하세요."

여직원들은 회사에서 조심해야 할 것들도 비공식 매뉴얼로 만들어서 다음 인턴들에게 넘겼다(물론 거기에 난 없는 것으로 최종확인했다.). 대부분 시답지 않은 것인데 윌리암 코너가 있었다. 결론은 녀석이 여직원들을 성추행하는 것이었다. 직장 내 성추행이라니! 듣고도 믿기지 않았다. 그것도 관련 법이 센 호주에서?

전말을 알기 위해 우선 녀석이 한 만행을 전 인턴 직원에게 전달받았다. 본 것, 들은 것, 겪은 것 모두 쓰라고 지시했고 모인 자료를 보니 눈이 뒤집힐 지경으로 피가 끓어올랐다.

강제 키스, 치마 안에 손 넣기, 가슴 툭툭 치기, 엉덩이 만지기, 자기 성기 뒤에서 비비기, 평소 나도 보았던 그놈 느끼한 눈빛은 아무것도 아니었다. 이 새끼가 돌았나? 호주를 지가 살던 동네로 착각했구

나! 나는 더 이상 볼 것도 없이 이 정보를 모아 부사장에게 보고했다.

넌 이제 뒤졌어, 이 새끼야!

어차피 우리말이니, 누가 듣던 말던 허공에 욕을 하면서, 보고서를 올렸는데 부사장 반응이 영 생각보다 별로였다. 심각한 일이라고 내게 말했고 사장님께도 보냈으며 결국 회장님한테까지 올라갔다. 그리고 당사자 여성 인턴들 면담이 크게 일어났다. 하지만 뭔가 시원하지 않은 느낌이 계속 들었다.

결국 윌리암 사건은 사사로운 징계 절차로 갔고 회사를 짤리거나 본국으로 추방되는, 드라마 속 엔딩은 일어나지 않았다. 알고 보니 윌리암이 회장님 지인 조카였다. 호주도 사람 사는 곳이더라.

그리곤 이 놈 때문에 나랑 우리 한국 인턴들은 오히려 분란을 만든 주역으로 이상한 시선을 받았고 인턴들이랑 같이 일하는 윌리암은 보직 변경도 없어서 계속 그들을 만나며 이번에는 치사하게 괴롭힌다는 소문이 들려왔다. 나는 너무 화가 나서 참을 수가 없었다.

• 시드니, 2011

마침 그 당시 우리 회사는 더 큰 호주 회사에 인수 합병이 막 끝난 상태였는데 하필이면 그 대기업 부사장 CFO가 한국계 아저씨였다. 이름이 특이해서보니 내가 알던 분 친형이라서 처음 인수합병 발표 세미나 장소에서 회의를 마치고 인사를 드리자 '오~ 반가워요. 한국 회계사 직원 한 명 있다고 들었는데 드림 군이죠?'라며 반가워했고 나는 본사 CFO 총애까지 받으며 한 달에 한번 정도는 둘이서 식사를 따로 하기도 했다. 물론 그런 것들로 나는 점점 회사에서 재수 없이 설치는 놈으로 이미지가 완성이 되어갔다.

내가 윌리암 문제로 빡친 것에는 소향이도 어느 정도 영향을 주었다. 물론 소향이가 아니더라도 나는 같은 행동을 했을 것이다. 그런데 소향이로 인해, 80km 밟을 엑셀을 120km 넘게 밟는다.

나는 우리 회사에서 윌리암 징계가 처분이 안 되는 것을 보자 너무 실망해서 이번에는 본사 직원인 그분에게 부탁을 했다. 같은 한국 사람이고 나랑 더 잘 통하니 이번에는 해결될 것으로 확신했다. 하지만 아니었다. 오히려 그때부터 그분은 날 피했다. 이제 1년만 있으면 이 회사에서 10년 찍고 〈황금 악수(Golden Handshake)〉후에 〈황금 낙하산(Golden Parachute)〉을 타야 할 분이었기 때문에 이런 똥물이 튀는 것을 꺼렸다.

그래? 이렇게들 나온단 말이지...

절대 니들 손에는 피를 묻히지 않겠다?

좋아, 내가 총대를 메겠다. 여기서 멈출 수 있으면 조루가 아니지.

마침 유능한 변호사로 근처에서 일하던 여자 후배에게 연락을 하게 된다(다음으로 쓸 〈날 사랑한 변호사〉 주인공).

"케이트, 물어볼 것이 있어."

그 친구를 통해서 노사 관련 가장 민감하고 아픈 부분을 담당하는 호주 노동청 직원을 소개받고 그에게 모든 자료를 정리해서 전달했다. 이로서 호주 CFO도, 한국인 부사장도 그 위에 사장님, 회장님, 일본 이사들은 물론 어두운 곳에 사는 주주들까지 엿을 먹이고 회사는 회사대로 완전 쑥대밭이 되었다.

그리고 나는 회사에서 1년 왕따를 당하게 된다. 거의 면벽 수행하는 수도자로 일을 받지 못하고, 찾는 사람도 없이 하루 종일 멍하니 전화기만 바라보다 퇴사를 한다.

내 인생이 어디서부터 어떻게 꼬였는지 아직도 나는 알 수가 없다. 분석가는 아니지만 내가 교육하고 지도해야 할 학생에게 역전이가 시작되면서 망가진 것일까?

소향이는? 일이 너무 커지자 인턴들도 나랑 멀어졌다.

그 당시 나는 회사에서 살아있는 괴물이었고 날 미워했던 마틸다 같은 인간은 거기에 살을 더해서 완전히 이상한 소설을 써내려가기 시작했다.

물론 일부 직원들은 내 선의를 알아서 힘내라고 응원도 해주었지만 주로 힘이 없는 직함들이었고 그때는 누구에게 하소연하면서 도와달라는 말을 하고 싶지 않았다. 지금도 그렇고 후회는 없다. 여담이지만 성추행 관련해서 교육이 잘 되었다는 호주에서도 이런 사건은 종종 있더라.

다시 소향이로 가서, 인턴이고 뭐고 내 삶이 정신없던 그날에, 소향이가 핼러윈이라고 내게 준 작은 쪽지랑 사탕이 있다. 그것을 선물로 받고 나는 다 정리가 되었다.

모두들 사랑하며

이만 총총

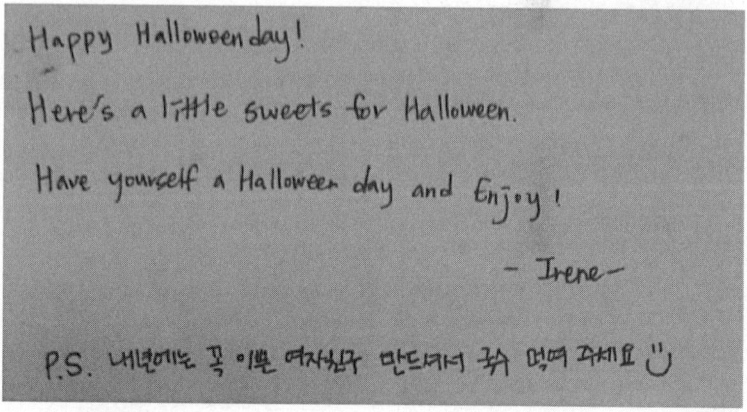
Happy Halloween day!

Here's a little sweets for Halloween.

Have yourself a Halloween day and Enjoy!

- Irene -

P.S. 내년에는 꼭 이쁜 여자친구 만드셔서 국수 먹여 주세요 :)

• 시드니, 2011

오늘도 도끼맞은 너에게!

사랑이라는 착각

오늘도 도끼맞은 너에게!

3 날 사랑한 도서관 사서

• 성도착 선물하기

처음 누군가를 만났을 때 '전공자는 아니지만 정신분석 공부한다'라고 말하면, 상대가 내게 관심이 있는 경우, 크게 두 가지 반응을 마주합니다.

1. 와~ 저도 심리학에 관심 많아요!
2. 제 정신도 분석해 주세요.

첫 번째 대답은 상대가 나랑 공통점을 만드려는 배려일 테니 '심리학이랑 정신분석은 완전히 다른 건데요'라고 대답하기보단 대충 '그렇군요'라고 넘어갑니다. 하지만 이렇게 하면 그 둘이 같다는 것을 은연중에 인정하는 것 같아 영 마음이 찜찜하지요.

두 번째는 더 심각한데요. 제가 정신분석가도 아니지만, 정신분석이란 환자/내담자 정신을 분석해 주는 업무가 아니기에 난감합니다. 정신의료, 임상심리치료, 정신분석이 어떻게 다른지부터 설명해야 속이 시원하겠지만 처음 만나서, 앞으로 우리가 어떻게 발전해 갈지 모르는 상황에 상대가 원하지도 않는 강의를 할 수는 없습니다.

이처럼 정신분석을 공부한다고 했을 때 마주하는 상황에 스스로 답을 하는 상상을 하다가 쓰게 된 글들이 지금 이렇게 책으로까지 나오게 되었네요. 그리고 <날 사랑한>여주인공들이 저를 사랑하는 과정에 생략이 심해 현실감이 없다는 반응도 들었기에 이번에는 아주 세세하게, 왜 그들이 날 사랑할 수밖에 없는지에 공을 들여 봅니다. 결국은 그것이 절 떠나게 된 이유이기도 하고요.

마지막으로 아래 글 역시 제가 지어낸 이야기입니다. 절대로 오해 없기를 바랍니다. 바로 시작합니다.

5년에 한 번 정도 안식년을 취하듯 고국에 갔다. 몇 년간 열심히 했던 시드니 소개팅 시장에도 휴식을 주기 위함이다. 물론 시드니에서도 줄줄이 실패했던 소개팅이 고국에 간다고 성공할 리는 없다. 소개팅 타율은 이처럼 낮다지만 의외로 나는 헌팅에 소질이 있었다. 지인들이 들으면 다소 황당할 수 있지만, 주변 사람들에게 이야기하지 않은 진짜 내 모습을 지금부터 써 내려간다.

2006년경이다. 막 영주권을 받아서 비자에는 푸른 잉크가 촉촉했고, 박봉이지만 회계사로 일하고 있으니 이미지만 놓고 보면 나쁘지 않았다. 앞으로 가야 할 가시밭 길은 시작도 안 했으나 당분간은 이 행복을 즐기기로 했다.

오랜만에 간 고국은 예전 모습이 아니다. 버스 탈 때 토큰도 사용하지 않고 T-머니라는 것으로 결제하며, 어색하게 버스 전용 차선도 생겨서 정류장을 못 찾은 덕에 버스를 그냥 보낸 적도 있다. 가장 문제는 친구들이 직장에서 죽어라 일하는 직급들이라 내가 호주에서 왔다고 한들 같이 놀아줄 한가한 녀석들이 안 보였다.

고국에 가면 우선 나이트부터 가보고 싶었다. 유학생 때 늘 동경하던 한국 나이트인데 문제는 서른이 넘은 상황에 일부 친구들은 결혼을 했고, 총각 녀석들도 이미 20대에 많이들 다녀서 식상해했다. 겨우겨우 졸라서 한 번인가 갔지만 가기 싫은 녀석들을 데리고 억지로 간 나이트는 결국 12시 전에 나와야 했으니 뭔가 일이 성사될 리가 없었다.

• 2013, 서울

너희들 두고 보자. 호주 오기만 해라. 지금 이 치욕을 몇 배로 갚아 주리라. 캥거루 관광 한답시고 어디 시골로 데려가 버려 놓고 대여섯 시간 후에 슬슬 나타나 '많이 봤어?' 하며 웃어주리라. 이를 박박 갈았다.

복수는 다음에 하기로 하고, 결국 내 성욕은 내가 알아서 해결해야 했다. 친구도 부모도 나라님도 내 성욕은 어찌해 줄 수 없다는 것을 그날 뼈에서 사골 국물이 나올 정도로 깨달았다. 그리고 다음 날부터 내가 할 수 있는 최선을 다 한다.

우선 집 주변에 여자가 많은 곳을 물색해 보았다. 아무래도 내게 익숙한 장소인 도서관에 가기로 한다. 보아하니 집 근처에 〈김포 시립 도서관〉이 있어서 책 몇 권을 싸들고 갔다. 이런 의도이니 도서관을 가면서도 머리를 하고 옷도 신경을 썼다. 이민자나 장기 유학생들이 한국에 오면 구멍가게를 가더라도 빤지르르한 것은 이런 이유다.

한국 도서관 분위기가 궁금하기도 했는데 대충 살펴보니, 지하는 식당이고 1층 로비는 말 그대로 Welcome 장소, 2층은 어린이 동화책 따위, 3층이 일반 서적으로 신문이나 간행물, 영화, DVD 상영실이 있다. 4층은 칸막이 독서실인데 분위가 살벌했다. 책상에 놓인 가정법, 경찰 행정법 이런 것들로 보아서 공시생들이 치열하게 진검승부하는 곳이라 내 둥지는 3층에 틀었다.

먼저 하루 동안 자유롭게 이곳을 이용하려면 외부인 등록을 해야 했다. 2층에 신분증을 맡기고 등록하면 책 대출도 가능하고 여러 가지 시설 이용도 할 수 있었다. 세 명 정도 여성 사서분들이 앉아 있는데 둘은 아주머니로 보였고, 한 명이 벌써 내 눈에 들어오기 시작한다. 마치 〈좋은 생각〉 8월호 속지 모델 같은 청순하고 푸르른 빛이 감도는 여대생 모습이기 때문이다. 이 분이랑 잘되면 정보회사 가입비 100만 원 버는 거다는 생각도 들자 이 패에 올인하기로 한다.

우리 같은 유학생 출신 이민자들은 내 힘으로 영주권 받은 게 늘 자랑거리다. 그것은 내 자존감 근원이며, 유/무형을 통틀어 내가 가진 가장 큰 자산이고, 소개팅에서 여자들에게 어필하는 필살기이자 무기이다.

차례를 살짝 맞추어서 자연스럽게 내가 찍은 〈좋은 생각〉 사서에게 가서 섰다. '신분증이요' 하는 목소리가 어찌나 고분고분하고 사랑스럽던지 마음이 확 쏠린다. 생각해 보니 여권은 집에 있고 지금 가지고 있는 신분증은 호주 면허증뿐이었다. 옳거니! 내가 영주권자라는 사실을 은연중에 알릴 수 있는 기회다 싶어 바로 그걸 내밀었다.

처음 보는 호주 면허증이니 신기하겠지. 고개를 몇 번 갸우뚱하는 모습에 '제가 호주 사람이라 이것밖에 없는데 어쩌지요?' 아주 점잖은 척 난처한 발연기를 하자 '아… 괜찮아요….' 하면서 또각또각 시스템에 몇 줄 입력하고 번호표를 주는데 과도하게 고맙다고 눈웃음 치고는 둥지로 돌아왔다.

그래, 이거야! 이제 날 각인시켰으니 여기에 자연스러운 서사만 추가하면 된다. 그래서 자연스러운 부탁을 하나 하기로 한다. 영화 The Matrix 3편 DVD 보는 것을 도와달라는 요청을 하기로 했고, 어머니가 싸주신 귤 두 개도 챙겼다. 마침 사서 한 분은 안 보이고 나머지는 전화받으며 일하느라 정신이 없다.

"저, 이거 드세요."

"네? 저요?"

"제가 DVD 빌려 보고 싶은데 방법을 잘 몰라서요."

세상 어리숙한 표정을 또 짓자, 별것 아니라는 듯 기꺼이 도와주러 밖으로 나온다. 함께 내 자리로 가서 짐을 챙겨 DVD 방으로 가려는데 자리에 펴놓은 영자 신문에 놀라는 눈치이다. 사실은 이것도 사서를 잡으려고 내가 깔아 놓은 덫이었다.

이곳 약사 친구 말로는 아무리 한국에 영어 잘하는 사람이 흔해도 동네 도서관에 영자 신문을 쭉쭉 읽는 사람이 생각보다 많지 않다는 것이다. 그러니 영자 신문을 찾아서 쫙 펴놓고 진지하게 읽는 척만 해도 오며 가며 여자들에게 눈길을 받을 수 있다고 했다. 바로 통하더라.

"와, 영자 신문 보세요?"

"헤헤. 그렇죠 뭐^^"

먼저 질문을 유도한 것으로 대성공이었고 이것으로 대화가 시작

된다. 친구에게 배운 두 번째는 한국어를 기억 못 하는 척하는 것이다. 영어를 먼저 말한 후에 그쪽에서 한국어를 말하게끔 유도하는 방식이다.

"저 DVD 있는 아일(aisle)에 물건 두고 왔어요."

"아일이요?"

"우리말 뭐지…. aisle, 복도? DVD 있는 거기요."

"아, 그 복도에 뭘 두고 오셨구나."

호주에 살면서 한 번도 쓰지 않은 Aisle이라는 단어인데 그날 첨 써봤다. 우리처럼 영어 울렁증이 있는 사람들은 안다. 말을 하려는데 이렇게 영어가 먼저 나오는 모습이 상대에게 얼마나 섹시하게 보이는가를 말이다. 내 두려움이 뿌리 내린 위치를 정확히 알면 부끄럼도 없이 이렇게 역으로도 이용 가능하다.

DVD 사용 방법을 배우면서 조용한 평일, 시청각실에 둘만 있게 되었다. 간단한 설명을 숙지하자 사서가 또 먼저 이야기한다. 이제 궁금한 것은 나보다 그쪽이 더 많아 보였다.

"호주에서 오셨어요? 저 내년쯤 호주에 워킹 홀리데이 가려고 하는데!"

"앗 진짜요? 대박이네요. 영어 공부하러 오시는군요."

'오면 연락해라 내가 꼭 캥거루 구경시켜주겠다. 은혜를 입었으니 시골에 버리지 않고 실제 근사한 관광을 시켜주겠다.'고 하니 빵빵 터지면서 너무 좋아했고 내친김에 몇 시에 일이 끝나는지 저녁에 뭐 하는지 일사천리로 묻고 전화번호랑 이름도 받아 냈다.

박이란

아버지가 이란(Iran)에 일하러 나가셨을 때 낳았기에 이름이 '이란'이라고 했다. 나중에 친해졌을 때도 그랬지만 나는 단 한 번도 이 이름에 대해서 토를 달거나 장난친 적이 없다. 아마 이란이랑 결혼했어도 평생 그러지 않았으리라. 지금껏 살면서 수없이 들었을 그 실없는 '이름 농담'에 나도 참전한다는 것은 이란이 수첩에 "뻔한 새끼"라고 분류될 뿐이다.

'네 아빠 그때 콩고에 있었으면 어쩔 뻔했냐ㅋㅋㅋ'

이따위 부장님 개그는 정말 내가 혐오했기도 했고 무엇보다 항상 특이점만 욕망하는 나라는 인간은 일부러 그런 시답지 않은 이야기는 피하고 싶었다. 이란이에게 나는 그따위 일반론에는 관심이 없다는 것을 이렇게 에둘러 어필한 셈이다.

근데 이게 이란이에게 엄청 먹혔다. 이란이 이름을 듣고 그냥 넘어가는 사람이 내가 유일했던 모양이다. 물론 처음은 아니겠지만, 특히 이렇게 친해지려는 과정에서는 가볍게라도 툭, 이름이 특이하다며 한마디씩 거드는 것이 보통 인간들인데, 나는 아예 그 이름에 반응을 하지 않았다. 개정색했다는 것이 아니고 그냥 평범한 무반응을 주었다.

정신분석 중에 시행되는 자유연상에서 분석가는 환자가 이야기하는 것 중에 대부분 하찮거나 별것 아닌 사항에 집중하면서 새로운 세상을 연다고 했다. 그리고 환자는 의미 있어 보이는 부분에는 심드렁하고, 별것 아닌 것에서 특이점을 발견해 내는 분석가에게 호감이 생긴다고 했다.

분석가는 아니지만 이란이에겐 평생 상처일 지도 모를 이름을 가지고 초면에 장난친다는 것은 가입비 100만 원을 토해 내는 것보다 무식한 짓이었다. 그렇게 일반론에는 본체만체하며 늘 특이한 대답이랑 소재를 말하는 나에게 이란이는 무척이나 신기해하는 웃음을 지었다.

이렇게 특이점에 집중하는 나는 처음에는 호감을 사는 편이다. 하지만 여자들은 그 호감만으로, 특이점에 대한 관심만으로는 살지 못한다. 그들이 결국 날 떠나서 찾아가는 상대는 일반 남자들이다. 나이에 맞게 차도 있고, 술도 마실 줄 알고, 섹스도 2분 이상 가능하고, 전셋집이라도 들어갈 준비가 되어 있고, 주식도 좀 하며, 골프도 치는 일반 남성 말이다.

'이름을 가지고 놀리더라도 일반 남자가 좋겠지. 특이성만 넘치고 일반성은 부족한 남자랑 끝까지 갈 수 있는 여자는 태생으로 지금 문명사회에는 없더라.'

이란이도 김포 시민이라서 우리는 김포 시내에서 저녁을 먹기로 했다. 첫 만남이니 서로 부담 없도록 얄팍한 일식집에 갔다. 먹기 편하고 분위기도 나쁘지 않은 데다가 손님도 많지 않아서 오롯이 서로에게 집중하기 안성맞춤이었다.

첫날이라 이란이는 내 역사를 궁금해했고 이미 100번에 가까운 소개팅에서 혹독하게 훈련된 내 소개 멘트가 이란이 버전으로 실시간 각색되어 청산유수로 흐른다. 이란이 반응을 보면서 웃겼다 울렸다 감동까지 넣어가며 한 명을 위한 스탠딩 코미디 디너쇼가 시작되었다. 그 와중에 내가 요즘 프로이트 〈꿈 해석〉을 읽는다고 하자 2번 반응이 왔다.

"오빠, 제 꿈도 분석해 주세요^^"

"난 분석가도 아니고 정신분석이란 특수한 장소에서 이루어지는 거라서요."

이 말을 하고 보니 정신분석을 핑계로 특수한 호텔에 가서 조용히 서로 분석 좀 하자고 하면 어떨까? 하는 생각이 드는 동시에 이란이 하얀 블라우스를 살살 풀고 있는 내 손이 환영으로 눈앞에 나타났다. 다행히 이란이는 정신분석에 진지한 호기심을 보여서 호텔 이야기는 빼고 분석에 대해 말을 이었다.

"정신분석이라 하면 사람들은 분석하는 주체가 분석가일 테니 나는 가만히 소파에 누워있으면 뭔가 분석이 될 거라고 생각하지요? 하지만 실제로 분석가는 환자를 옆에서 돕는 특수한 조력자일 뿐이고, 분석하는 주체는 환자 본인이에요. 라깡 선생님은 그런 연유로 스스로를 '광인(狂人)의 비서'라고 칭하셨을

거예요. 분석가들은 환자들이 몰랐던 무의식에 접근할 수 있도록 그 새로운 길을 열어 주는 도움만 줄 뿐 환자 본인이 그 문을 열고 들어가야 해요. <꿈 해석> 역시도 분석 과정에서 쓰이는 도구일 뿐 환자 꿈을 해석해서 그 의미를 직접 전달하는 행위는 많지 않다고 해요."

이런 쓸데없는 말이 길어지자 하얀 블라우스 위에 코트를 다시 입는 환상으로 바뀐다. 큰일이다. 하지만 다행히 이란이는 대학 때 부전공으로 심리학 수업을 들었다고 하며 관심을 보였다. 배우긴 했는데 아무것도 모른다며 이런 시답잖은 이야기에도, 내가 하면 뭐든 다 좋다는 듯, 하트 눈빛을 보내고 있었다.

하지만 이미 머릿속에 '호텔'이란 단어가 한 번 다녀가자, 아래에서 올라오는 령(靈)이 또 기지개를 켠다. 그래서 언제 호텔 갈 거냐고 성화를 부리기 시작하는데, 이란이가 눈치채지 못하게 그놈을 억압하느라 나는 신경이 두 배로 쓰이고 체력이 훅훅 빠지기 시작했다.

나는 정신분석이나 임상심리를 제도권에서 배운 적이 없으니 네가 부럽다며 이란이를 띄워 주고, 조금 말을 쉬고 싶어, 대학 수업은 어떠했는지 이것저것 물어보았다. 자세한 임상 방법이나 기발한 이론 등은 기억 못 했고 대신 재미있는 일화를 하나 기억해 냈다. 과정 중에 심리상담을 직접 받아보는 것이 있어서 상담을 받은 적이 있었는데, 교수님이 제시한 상담 서비스 종류 중 '최면 상담'이 끌려 택했다고 했다.

TV 혹은 만화에서만 보았던 최면 상황을 경험했다니 신기했다. 나 같아도 최면을 선택했을 거라며 이란이에게 이야기를 잠시 넘겼다. 겨우 한 번 받은 것이라서 자신도 맛보기만 했다고 하는데 최면도 역시 무의식을 탐구하는 과정이 있다고 했다. 단지 다른 점이라면 최면에서는 직접 환자 몸에 손을 대기도 하고 서로 얼굴을 보면서 문답이 진행되었다.

'이렇게 해보세요. 뭐가 보이세요?' 이런 직접 암시나 명령을 받기도 해서 자기는 좋았으며 최면술사가 그렇게 명령을 주는 것에 따르는 복종하는 맛이 있다고 했는데 나는 이걸 또 놓치지 않았다. 나중에 이란이랑 깊은 관계가 되어서 모텔을 드나들 때 기어이 이걸 꺼내서 시키곤 했다.

하얀 이란이 알몸을 마주함에 다리를 뒤로 들어주세요. 거기 활짝 열어서 나를 맞이해 주세요. 어째요, 저째요~ 하면서 명령하고 발그레하게 부끄러워하는 이란이를 자극하며 강제하자 처음에는 이란이도 나름 좋아했지만 문제는 내가 그 야한 놀이에 너무 중독되었다.

마치 이란이가 상담을 받는 내담자처럼 알몸으로 소파에 기대면 나는 분석가 흉내를 내며 이란이는 볼 수 없는 각도에서 이란이에 온갖 염병할 행동이랑 자세 등을 시키며 서로 보여주고 지켜보는 관음증, 피관음증 따위 놀이를 하다 보니 있지도 않던 성도착증도 생겨났다. 이런 가벼운 도착은 연인들끼리 하는 침대 놀이겠지만 나는 거기서 멈추지 않고 성도착 증례들을 찾아보고 극도로 구역질 나거나 소름 돋는 부분은 쳐내고 현실에 맞게 고쳐서 다음 만남에 이란이 몸에 이식해 주었다. 물론 그런 상황을 시작하기 전에 꿈에 대해 이야기하거나 억압받는 것들이 뭐가 있을지 꼼꼼하게 기록해 두어 다음 도착을 만들 때 쓰기도 했다.

이란이 역시도 평범한 남친이랑 섹스하는 경험이랑은 전혀 다른 이런 내 행동에 즐거워했다. 단순히 육체를 하나로 만들고, 넣고 빨리 싸는 루틴이 아닌 자기 약점, 부족한 부분, 감추고 싶은 몸이나 마음속 기형을 다 끄집어내서 앞에 펼쳐 놓고 들여다보면서 거기에 맞을 도착을 마구 적용해 보는 기회란 태어나서 처음이니 말이다. 복잡하게 썼지만, 정상 섹스로는 세 시간 대실에서 남는 두 시간 반을 활용하기 위한 나름에 몸부림이기도 했다.

속이랑 겉이 서로 이렇게 잘 맞는 연인이 또 있을까 싶었다. 대화는 늘 꿀이 뚝뚝 떨어지고 침대에서는 서로 유쾌하고 황홀했다. 이런 상대면 결혼까지 가는 것 아닐까? 속이랑 겉이 다 맞는다는 것은 의식이랑 무의식이 꼭 맞는다는 것일 테니까 말이다.

속 궁합이야기를 많이들 하는데 정신분석 입장에서 보면 같은 도착을 가진 커플을 이야기하는 것이다. 서로 같은 성도착을 겪는다면 그리고 서로 그것을 만족시켜 주고 만족받는 사이라면 어떻게 헤어질 수가 있겠는가? 이란이랑 내가 그랬다. 나는 다양한 도착을 이란이에게 설명해 주고 그중에 맘에 드는 것을 시연해 보며 서로에게 맞는 도착을 발견해 갔다.

하지만 우리 인생은 그렇게 AI계산처럼 아름답지도 간단하지도 않았다. 어제까지 침대에서 좋다던 이란이는 갑자기 오늘은 다른 사람이 되어서 삐져 있기도 했고, 늘 내 말에 끄덕이던 이란이 얼굴이 어떤 날은 너무 차갑게 보이는 등 우리는 이유도 알지 못하면서 싸움은 날이 많아지기 시작했다. 의식에서는 전혀 싸울 일이 아닌데 어설프게 접근했던 서로 무의식을 마주하자 도무지 같이 갈 수가 없었다.

지금도 왜 이란이랑 그리도 치열하게 싸웠는지, 그렇게 사랑스러운 여자랑 당최 싸울 것이 뭐가 있을지 계산이 안 되지만 그때는 정말 혹독하게 싸웠다. 그러면서 우리는 서로에게 악수(惡手)를 둔다. 나는 더 강한 도착을 연구하며 가져와 이란이에게 시연하려 했다. 공부는 못해도 도착으로는 당시 김포에서 일등이었다. 반면 이란이는 재정 상황, 돈 문제가 슬슬 올라왔다. 시드니로 유학 가는 문제랑 김포를 벗어나 서울로 들어가기 위한 자금 마련 등 말이다.

우리는 만나면 서로 다른 이야기를 하는 날들이 늘어났고 결국 대판 싸운 어느 날 이후 연락이 끊어졌다. 이란이랑 만나며 그렇게 많은 이야기를 하고 의식이던 무의식이던 그가 가지고 있는 모든 것을 듣고 이해하려 노력했지만 분석가도 아니고 임상경험도 없는 나로서는 이란이를 결코 한 번도 이해하지 못한 사람이라고 결론 내렸다.

도착을 서로 공유하고 심지어 그가 몰랐던, 하지만 그는 원했던 행위까지 찾아서 주고 서로 만족하며 즐거워한다는 것은 듣기에는 완벽해 보이고 부럽겠지만, 그런 것은 우리 사랑을 유지하거나 삶에 기쁨을 얻는 과정에서 결코 해답이 될 수 없다. 프로이트를 섹스광으로 취급하거나 정신분석을 잘못 이해해 무분별한 섹스가 신경증 해소 방법이라고 생각하는 어리석음이랑 같다.

> 결코 답할 수 없던 위대한 질문, 30년간 연구했음에도 내가 답할 수 없는 그 질문은 바로 '여자는 무엇을 원하는가?'이다
>
> - 프로이트 despite my 30 years of research into the feminine soul I have never been able to answer the great question "what does a Woman want?"

모두들 사랑하며

이만 총총

사랑이라는 착각

오늘도 도끼맞은 너에게!

4 날 사랑한 환자

• 망상 선물해 주기

정신분석은 정신과 의사였던 프로이트로 시작되었지만 실제로 제 주변에서 만날 수 있는 분석가들은 라깡을 공부하는 라까니언들입니다. 왜 그런지에 대한 연구는 다음에 해보기로 하고 오늘은 라깡 선생님 이론을 토대로 <날 사랑한> 시리즈 만들어 보겠습니다.

프로이트 텍스트가 어렵다지만 그래도 인간이 읽을 수 있는 수준에서 어려움인데 라깡 선생님 글은 라깡 스스로도 읽을 수 없다고 할 정도로 극악무도하게 어려운 것으로 유명한데요. 제가 잘못 이해한 부분도 있을 터라 미리 양해 구하며 내 기억 속에 날 사랑했을 누군가를 또 만들어보겠습니다.

회계사로서 내 신조 중 하나가 절대 고객은 건드리지 않는다는 것인데, 나는 이 '절대 규칙'을 한 번 어긴 적이 있다. 오늘은 지난 그 과오를 솔직하게 고백하려 한다.

주로 기업 고객을 다루기에 개인 세무신고는 하지 않지만 그날은 개인 담당 회계사가 연차라 내가 개인 고객을 상담하게 되었다. 오전 열 시 예약인데 10분 정도 늦게 왔다. 기다리다 스케줄을 보니 '채상혁'이라고 쓰였길래 당연히 남자라고 생각했고 대수롭게 않게 다른 일을 하면서 기다렸다.

리셉션에서 '채 상 혁' 씨 오셨다는 말이랑 함께 내 방으로 누군가 걸어 들어오는 인기척을 느꼈다. 책상에 앉아 심드렁하게 그쪽을 올려다 보던 순간 망치로 전두엽을 세게 강타당하는 듯한 느낌을 받았다. 고객 '채상혁' 님은 여자였고 더욱이 결코 대수롭지 않은 모습이었기 때문이다.

그때가 혹독한 시드니 겨울이었는데 화려하지 않지만 고상해 보이는 롱코트를 입고 들어선다. 큰 키에 은은한 갈색 머리랑 갈색 코트가 너무도 잘 어울렸는데 코트 안에는 치마가 아니고 칼줄 잡힌

• **겨울 롱코트**

쭉 뻗은 정장 바지라, 여자들 이야기로는 치마보다 바지로 멋을 내기 더 힘들다더만, 채상혁 양은 그 어려운 것을 온전히 해냈다.

큰 얼굴에 이목구비가 흐릿한 나랑은 반대로, 작은 얼굴이지만 눈, 코, 입이 또렷하고 강렬했으니 외모만으로 이 여자는 내가 없는 모든 것을 가지고 있는 사람일 거라는 환상을 내 무의식은 강하게 만들어 냈다.

그 짧은 시간이지만 '고객은 손대지 않는다'던 회계사 윤리 강령 따위는 잊은 지 오래이고 어떻게든 이 여자랑 인생이 심하게 엮이면서 육체도 의식도 무의식도 다 같이 뒤엉켜 버리고 싶은 욕망만이 날 지배했다. 아래에서 올라오는 령(靈)이랑 위에서 내려오는 의식이 경쟁하듯 이 여자를 차지하겠다고 큰 싸움이 일어났다. '우선 채상혁 님 세무 신고 먼저 하자'고 의식에서 말을 시작했다.

일을 시작하기 위해 서류를 보니 거기엔 이름이 '채송화'였다. 잉, 그럼 채상혁이란 이름은 뭐죠? 아버지가 지어준 원래 이름이 채상혁인데 자신이랑 어울리지 않아서 '채송화'로 개명했지만 어려서부터 쓰던 상혁이라는 이름이 편하다고 했다. 무척이나 특이한 사연이지만 대략 그 아버지가 어떤 꼰대인지 느낌이 와서 더는 묻지 않았다. 아주 진지하게 이름을 설명하는 모습을 보니 이것으로 놀리거나 헛소리하면 내 계획에 심하게 차질이 올 것을 직감했기 때문이다.

사무직으로 일하는 고객인데 급여는 생각보다 많지 않지만 투자에 관심이 많았다. 부동산을 이용한 Negative gearing 따위를 물어

보았는데 평소 개인 세금 쪽에 전문성도 관심도 없던 터였지만 빠르게 구글을 동시 검색하면서 부동산 전문 회계사로 실시간 변모했다. 지금 내 앞에 채상혁을 가질 수 있다면 내 인생이 Negative가 되더라도 상관없었다.

100불짜리 수임료 고객이지만 만불이 넘는 기업 고객 이상으로 열과 성을 다해서 설명을 하고 진심으로 그가 부자가 되는 길을 함께 모색해 본다.

"와, 회계사님 아는 것 진짜 많으세요~"

"아휴~ 뭘요. 궁금해하시는 것은 다 말씀드릴게요. 필요하신 것 더 없나요?"

내가 이렇게 고객에게 살갑던 사람인가 나도 새삼 놀랐고 상혁 역시도 이런 내 마음이 통했는지 설명 너무 감사하다고 하길래 그때 내가 미쳐있던 Excel-VBA 관련해서 슬쩍 던져 보았다.

"아무래도 회사에서 업무 하시면 엑셀 많이 쓰시죠? 제가 스터디 모임 하면서 따로 엑셀 공부를 하고 있거든요. 유명한 선생님 아래에서 배우고 있는데 같이 하실래요?"

직장인에게 엑셀 이야기를 꺼내었을 때 실패했던 기억이 없어 꺼낸 카드였는데 역시나 덜컥 물었다. 자기도 엑셀에 관심이 무척이나 많은데 너무 초보라 그 모임에 자기가 낄 수 있을지 모르겠다고 걱정을 했다.

"아무래도 우리 모임은 중급자 이상이니 초급 과정은 제가 따로 가르쳐 드리고 중급 이상 실력이 되면 그때 함께 하시죠!"

여자 한 명 연락처를 받기 위해서 내가 가진 모든 세무 지식, 회계 절차, 엑셀 기술까지 총 동원해서 쏟아부은 결과 나는 상혁이 연락처를 받고 다가오는 토요일에 홈부쉬 도서관 세미나 실에서 만나기로 했다.

도서관에 연락해서 세미나실을 예약하고 공부할 부분을 요약해서 상혁이에게 이메일로 미리 보내 놓고 상혁이 앞에서 강의할 자료는 따로 준비한 후에 마음 속으로 그날 장면을 그리며 수도 없이 시뮬레이션을 돌려 보았다.

큰 흐름을 어떻게 가지고 가야 섹시해 보일지, 중간중간 어떤 개그를 넣어야 할지, 어떤 표정에 어떤 목소리를 발성할지 꿈속에서도 PPT하는 내 모습을 마주하고 만족한 후에야 토요일을 맞이했다.

• Strathfield Library

우리는 서로를 의식해서 편한 듯, 안 꾸민 듯 단출하지만 각자 남성미, 여성미를 충분히 발산할 수 있는 복장으로 다시 만났다. 상혁이는 운동복장 비슷한 슬림한 바지에 두툼한 점퍼 차림인데 허벅다리 핏이 다 드러나는 모습으로 환하게 웃으며 내가 기다리고 있는 세미나 실로, 1초가 1분 같은 또렷한 모션으로 들어왔다.

한 시간이 넘도록, 로터스(Lotus)로 시작된 엑셀 역사부터 빌 게이츠 사생활 그리고 엑셀 기초 강의까지 목이 쉬도록 열변을 토했다. 이런 내 모습이 상혁이에게 섹시하게 보이는지 얼굴에서 웃음이 가시지 않는 것을 보니 매우 만족스러운 느낌이 들었다.

그렇게 혼자 북치고 장구치고 떠들다 보니 점심시간이 되었고 도서관 바로 앞에 있는 이탈리안 식당에서 점심을 먹기로 했다. 과외 고맙다며 오늘 자신이 산다고 했다. 늘 얻어먹는 상황에 익숙한 우리 회계사라지만 이번에는 내가 산다고 했다. '대신 커피를 사세요~' 하여 우리는 자연스럽게 반나절을 붙어 있게 되었다.

이렇게 몇 번을 만나서 엑셀 이야기를 주로 했는데 막상 사귀자고 말하기에는 살짝 부족한 느낌이 있어서 내 엑셀 사부님에게 도움을 청했다. 이만저만해서 누굴 만나는데 한 번 소개해 드릴 테니 마지막 단추를 끼워 달라고 했다.

이런 일에 도가 트고 늘 내 편인 엑셀 사부는 흔쾌히 허락을 했고 상혁이를 데리고 시내에 있는 사부 가게에 과외를 빙자해서 갔다. 사부는 상혁이를 보더니 몹시 맘에 들어하는 눈치였다.

"이야, 엄청난 미인시구만, 언제가 우린 본듯한 착각이 들 정도로 아주 정교한 미녀상이야. 마치 중국 4대 기서 금병매에 나오는 미인 같구먼! 내 애제자 드림이가 칭찬하던 그대로야. 자네가 드림이 엑셀 제자라고 했지? 그럼 나에겐 사손(師孫, 제자의 제자)이야."

이렇게 어려운 단어를 써가면서 '있어 보이는' 장소에서 엄청난 지원 사격을 받으니 상혁이에게 내 이미지는 끝없이 '좋은 상징'으로 변해가는 듯했다. 그 결과 며칠 후에 나는 상혁이에게 고백을 받게 된다.

"오빠, 나 오빠에게 감정이 생기는 것 같아요."

그 말을 듣자 눈앞이 환해지면서 상혁이는 그날로 여친으로 전화기에 저장 된다. 내 노력 끝에 얻은 연인이니 소중하기가 이루 말로 할 수 없고 내가 욕망하던 '실재'가 현신한 것이니 살면서 아주 가끔 겪는 기적이 일어난 것이다.

본격 연애를 시작하면서 나는 상혁이에게 궁금한 것들을 조금씩 물어보았다. 예상대로 남자 이름을 가지고 있는 사연은, 아버지가 아들 욕심이 컸기에 태어나기 전부터 이미 남자 이름을 준비해 놓았으나 여자 아이가 태어났으며 실망하게 되는 등 뻔한 옛날 이야기였다. 대충 짐작은 했는데 상혁이에게 이름으로 인한 상처가 있는 듯해서 그날을 끝으로 나는 모른 척했다.

문제는 상혁이 아버지는 어린 시절에 상혁이를 남자처럼 키웠다고 한다. 상혁이도 아버지를 잘 따르는 편이었고 좋아했기에 남자아이가 되려고 노력을 했던 것으로 보인다. 짧은 머리에 바지를 즐겨 입고 남자아이들이랑 군인놀이, 구슬치기 이런 것을 주로 하면서 보냈기에 남자아이들 놀이가 더 편했으며 고무줄놀이 등 여자 아이들 세상이 자신에겐 오히려 불편하다고 했다.

상혁이는 그 이름처럼 남자로서 상징성을 많이 보였는데 사춘기를 지나면서부터는 다행히 여성성도 갖추게 되었다고 한다. 그래도 치마보다는 바지가 좋고 편하다는 것으로 보아 무의식에서는 아직도 어느 정도 남성성이 지배하고 있는 것 같았는데, 상혁이라고 이름을 부르는 것이 못내 찜찜했던 나는 꽃을 선물하며 기술을 걸었다.

"아는 분 꽃가게에서 보았는데, 너무 예뻐서 네 생각이 났어."

그리고 네가 이 꽃처럼 아름다우니 '채송화' 이름이 이제는 더 어울린다고 작은 스토리 라인을 더해서 선물했다. 그렇게 작은 서사를 만들어주자 지금까지 잘 쓰지 않던 '채송화'라는 여자 이름이 좋아졌다고 하여 우리는 그때부터는 송화라는 본명을 쓰게 되었고 이 경험으로 나는 송화를 다룰 때 뭐라도 이야기를 만들어 주며 설득하기 시작했다.

별것 아닌 것이지만 '상혁'이라는 단어를 '송화'로 바꿔 부르기로 규칙을 정하자, 그 사람은 신기하게도 여성스러워졌다. 말투도 행동도 상혁일 때보다 송화일 때가 더욱 예뻐 보였다. 내 착각인지 실제로 언어가 그 사람 실재를 그렇게 변화시킨 것인지는 알 수 없다.

송화가 사랑스러워지는 만큼 나는 남자로서 괴로웠다. 연애 시작을 사제지간으로 해서인지 송화에게 내 성욕이나 남자로서 욕망을 드러내는 것이 무척 어색했다. 송화 역시도 오랜 시간 남성성에 길들여졌는지 키스하거나 서로 몸을 만지는 일 따위에는 전혀 관심을 보이지 않았다.

둘 다 술을 마시지도 않고 교회도 다녔기에 상황은 더욱 악화되었고 송화를 침대로 데리고 가야 할 건수나 사태는 일어날 수가 없었다. 한참을 고민하던 나는 엑셀 사부가 말했던 중국 고서 "금병매"가 떠올랐다. 야할 것이라고 기대하고 본 책인데 생각보다 막상 야한 장면은 없었고, 여자를 후리는 기술을 나열하는 대목이 떠올랐다.

책을 읽던 때에는 '뭐 이딴 것도 기술이냐'는 식으로 한심하게 보았는데 이제 보니 그것은 실전에서 써볼 만했다. 내용은 이런 것이다. 분위기를 만들고 살짝 손 끝부터 시작해서 만지며 팔, 어깨, 목, 가슴 식으로 올라가는 절차이다. 중요한 것은 계속 반복되는 주의사항이다. "여자가 여기서도 거부하지 않으면.."이라는 말이 진도를 나가는 중간중간마다 지겹도록 반복이 되어서 읽다가 치웠는데 그게 무슨 말인지 송화를 생각하며 알게 되었다.

또 알게 된 사실로 송화는 연애 경험이 많지 않았다. 나를 만나기 전에도 몇 년을 독수공방 했다고 하는데 그 원인 중에 하나가 송화가 가끔 보이는 망상 때문이었다. 어린 시절에 아버지에게 남자로서 길러지고 남자들 언어를 사용했던 것이 원인이 되었는지 송화는 자신이 가끔 남자라고 생각하는 분열 망상이랑 이를 뒷받침하는 아주 디테일한, 자기가 만든 것이 확실해 보이는, 기괴한 서사가 있었다.

들어 보면 황당하기 그지없는 것들이지만 이때부터는 송화를 살살 달래서 침대로 데려가야 하는 것이 최대 목표였기 때문에는 나는 그런 이상한 소리도 아주 진지하게 들어주고 같이 정리를 하면서 살을 붙여주기까지 했다. 다음에 만날 때는 오히려 내가 먼저 그 스토리를 기억해 내서 송화 망상을 계속 발전시켜 주었다.

가령 자신은 경기도 연천 포병 출신이며 태권도 조교를 했다거나 중량을 얼마를 드는데 스쿼트 하다가 허리를 다쳤다는 식에 말도 안 되는 개소리를 너무나 진지하면서도 아주 상세히 말했는데 나는 이것을 허투루 듣지 않고 중간중간 논리가 빠졌거나 비약이 심한 부분은 오히려 채워주었다.

> "자기야, 여자는 사병으로 군대를 가지 않으니 병장으로 하지 말고 소위로 하면 어때요? 여성 장교라! 자기에게 잘 어울린다. 멋진데!"

이런 내 첨언을 송화는 너무나 기뻐했다. 자기 망상을 진지하게 들어주는 것도 모자라 동조해 주고 채워주는 남자 친구가 생긴 것이니 날이 갈수록 내게 의지하고 솔직해지려는 모습이 보였다. 그러던 중 내 생일이 가까워 왔다. 얄팍했지만 송화를 위해 준비했던 내 선물들에 감동하던 송화는 이번에는 내 생일 선물로 하얀 살꽃을 준비해 준다.

"그날은 오빠가 하고 싶은데로 다 하셔도 좋아요."

내가 하고 싶은 거야 불 보듯 뻔했다. 그렇지만 느긋한 척 여유를 부리면서 부탁을 했다.

"그럼 짧은 원피스 같은 것 입고 나와 줄 수 있어? 베이지 색에 자기 맨다리가 보이면 좋겠는데."

처음에는 이 부탁에 난감한 듯한 표정이더니, 긍정도 부정도 아닌 애매한 답을 하고는 지나갔다. 매주 일요일이면 내 차를 가지고 송화가 사는 집에 가서 태우고 예배만 드리고는 교회를 빠져나와 데이트를 즐겼는데, 그날따라 송화는 두꺼운 패딩을 위에 입고 왔다.

교회 구석 자리에서 예배 마치고 차를 탔는데 송화가 조수석에 편히 앉더니 패딩에 단추를 풀었다. 그리고 그 안에는 내가 부탁한 딱 그 차림에 옷을 입고 허연 속살을 다 드러내었다.

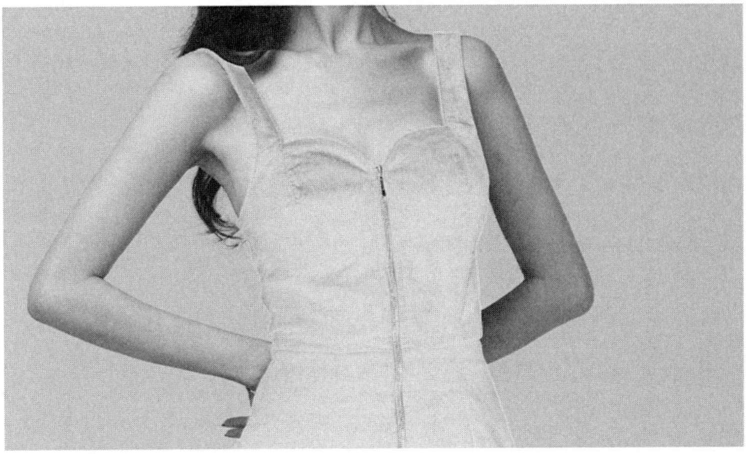

• 여성 원피스

정말 이렇게 내 부탁을 들어준다고? 현기증이 나서 운전이 힘들 정도였지만 우선은 교회를 떠나야 했으니 빨리 차를 옮겼다. 운전하는 내내 조수석 아래에 뻗은 다리를 대놓고 보면서 '우리 송화 너무 예쁘다, 이렇게 늘씬한 줄은 정말 몰랐다'는 둥 칭찬이 마르지 않게 하여 송화 몸에도 뜨거운 체액이 마르지 않게 했고 행여나 이 분위기가 식을까 노심초사 입은 떠들고 손은 최대한 빠르게 운전을 했다.

어디로 갈까 고민을 하다가 우선 집으로 왔다. 같이 사는 교회 친구들은 아무래도 주일은 저녁 열시가 넘어서 올 테고 호주 호텔은 막상 가려니 뭔가 좀 쫄렸다. 평소 송화 성격을 아는 나로서는 호텔에 들어 가서도 이건 아니라고 틀 수도 있기 때문이다. 그리고 금병매에서 배운 전술을 떠올려 처음부터 여자에게 부담을 주는 행동은 하지는 않기로 결정 내렸다.

아무도 없는 우리 집으로 올라가서 긴 소파에 앉게 한 후에, 실없는 농담을 하면서 긴장을 풀어주고는 손 끝부터 조금씩 살짝살짝 톡톡 건드려 보았다. 이 정도에는 크게 반응이 없자, 싫지 않은 것으로 판단해 손등을 만져보고 다시 거부하는 반응이 없는 것을 확인하면서 팔, 어깨, 뒷 목 등으로 살살 올라갔다. 그리고 키스를 하려고 하자 '오빠 선수 아니야?' 하면서 살짝 웃더니 고개를 돌리며 거부했다.

여기서 심한 갈등이 왔다. 무의식에서는 왜 멈추냐고 먹던 아이스크림을 빼앗긴 아이처럼 난리가 났고 의식에서는 '잠깐만, 부정 신호가 감지되었다'는 스톱 사인을 인지했음에 마음이 둘로 깨져 혼돈이 왔다.

여자는 한 번 정도는 거절하기도 한다는 이야기가 떠올라 여기서는 무의식 손을 들어주기로 했다. 그렇게 웃으며 돌린 송화 고개를 살포시 내 쪽으로 다시 돌리면서 키스를 하니 가만히 있는다. 성공이다. 그리고 어정쩡했던 손을 자연스럽게 송화 허연 허벅지 위에 짚으면서 몸을 바짝 다가갔다.

내 손이 송화 속살에 닿기가 무섭게 미친 듯이 속으로 파고들며 애무를 했고 송화 역시 그 뽀얀 다리를 덜덜 떨 정도로 흥분하더니 엉덩이가 마치 카우보이 놀이를 하듯이 펄쩍펄쩍 흥분해서 내 무릎 위에서 날뛰는데 깜짝 놀랐다. 남자 경험이 일천하다더니 속에는 이런 화산을 숨기고 살았구나! 낮에는 요조숙녀이나 밤에는 요부짓을 하는 것이 모든 남자가 바라는 여자라는데 우리 송화가 딱 그 짝이었다.

송화가 망상을 즐기는 취향이 있다면 이제는 내 것을 채워야 했다. 나는 금기시되는 것을 깨는 상황에서만 극도로 흥분이 되었다. 즉, 법이나 사회 통념상 안되거나 불편한 상황에서 섹스를 하고 싶었다. 그러니 평소에 상상하는 것은 교회 예배당이라던가 회사 회의실 같은 곳이다.

여기에 나는 심한 강박증도 있었다. 세척강박 같은 것인데 모든 사물을 깨끗하게 하는 세척은 아니고 내가 정한 상황에서 특정 부위를 깨끗하게 해야 성흥분을 느꼈다. 그러니 금지된 곳이라지만 지저분한 장소, 가령 화장실 따위에서는 또 흥분이 오르질 않았다. 정리해 보면 금지된 장소이나 즉시 물을 사용할 수 있는 시설이 구비되어 있어야 내가 온전히 성흥분을 유지하고 최대치로 오르가즘을 느낄 수가 있었다.

이렇게 조건이 까다로운 둘이 만났으니, 서로 아무리 좋아한다고 한들 섹스가 쉽지는 않았다. 나는 위에 조건이 맞지 않으면 송화가 알몸으로 몸을 활짝 열어도 들어가지 못했고 송화 역시 자신이 만든 남자 망상이 심하게 발현되는 날에는 여자로서 섹스하지 못했다.

더구나 우리는 종교라는 제약도 그 위에 더해서 결혼 전까지는 발가벗고 별짓을 다 할지라도, 삽입은 하지 않기로 하는 공통분모까지 잉태해 냈다. 그리고 결혼을 하더라도 1번 자세, 즉 선교사 체위만 하기로 약속도 했는데 이런 규제가 심해질수록 나는 더욱 흥분했다. 그런 법 제도에 눌리는 억압이 주는 스트레스가 있어야만 내 성도착이 시작될 수 있기 때문이다.

나는 그 규범 따위를 교묘히 어기고 깨는 순간에만 딱딱해졌다. 그러기 위해선 강력한 법을 먼저 제정해야 했고 그 법을 오래 연구해서 빠져나갈 구멍을 찾아내어서 송화를 그 예외 조항에 몰아넣고 마구 애무하고 흥분시켜 강제로라도 송화 체액을 빨아먹는 것에 환장해했다(여러분, 이거 다 뻥인 거 아시죠?).

사실 송화는 그런 규율 따위에 크게 관심이 없는 것 같았지만 내가 그런 법 제도를 만들고 연구하고 위반하는 것만으로 흥분하니 맞춰준 것 같다. 대신 나는 그에 대한 보상으로 송화 망상을 계속 다듬어주고 속아주고 그 스토리에 맞는 상황을 연출하며 섹스를 하기도 했다. 간단히 말씀드리면 송화가 남자 역할을 하는 상황극 같은 것이다.

미친 애들끼리 서로를 이해해 주는 주는 미친 상대를 만났으니 우리 삶은 매일매일이 환상특급이고 현실이랑 상상이 뒤섞인 꿈같은 삶을 살게 된다. 업무 중에 송화에게 전화를 걸어 각자 욕망을 언어로만 채우기도 하고, 예배당 뒤편에서 속옷 없이 예배드리는 송화를 한껏 들뜨게 애무를 하는 등 성인이라지만 다른 성인들은 감히 따라하거나 이해하기 힘든 도착증세를 서로에게 마구 실현했다.

여담이지만 이렇게 한번 내 도착이 확고하게 설정되고 현실에서 충족을 받고 나자 나는 송화가 아닌 그 어떤 여자를 만나도 만족을 하지 못한다. 더 정확히는 법률을 어겨야만 흥분하는 이 도착 증세를 가르치거나 실토할 여자를 만나지 못해 지독한 신경증을 앓게 된다. 행여라도 실토하면 보통 여자들은 학을 떼고 떠났기에 스스로 병을 키운 것이다.

그리고 우리 관계에도 곧 병이 들고 말았다. 엑셀 사부에게 아닌 밤 중에 연락이 왔다.

"야! 너 그 채송환지 무생채인지 그 여자애 뭐야 임마!"

"네? 송화요? 왜요?"

"너, 내 직원 상혁이 알지? 걔 애인이야, 임마! 너네 지금 양다리

걸린 거야."

아닌 밤 중에 어인 불호령인가 싶었는데 알고 보니 송화는 나 말고도 남친이 있었다. 뭐가 어디서부터 어떻게 꼬인 것인지는 모르겠다. 엑셀 사부 직원 중에 박상혁이라는 친구가 있다. 태권도 코치를 하다 시드니에 왔다고 해서 나도 한 번인가 인사를 받은 적이 있다.

경기도 연천 포병 부대에서 병장으로 제대를 했고 중량 운동을 하다가 허리를 다쳤다는 등 이야기를 했던 기억도 그제서야 났다. 문제는 박상혁이라는 놈이 지독한 노름꾼으로 송화가 평소 이야기하던 이상형이랑은 정반대 편에 있던 찌질한 놈이라서 나는 더욱 상처받았다.

기왕 양다리를 걸칠거면 좀 그럴듯한 남자를 만나지 어찌 그런 놈이랑…. 내가 봐도 멋진 상대였다면 기분은 몹시 상했어도 이런 비참함은 없었을 것이다. 남자인 내가 보아도 박상혁은 정말 별로인 놈팽이였기 때문이다. 송화가 자기 어릴 적 이름인 '상혁'이라고 했는데 정말로 그 이름을 가진 남자를 만난 것이 이유였는지 모른다. 그것이 또 다른 망상을 만들어내고 송화는 이런 우연을 운명이라고 믿는 착각으로 들어가서 박상혁이랑 하나가 되기로, 동일시하기로 한 것인지도 모른다.

그러거나 말거나 더 이상 알고 싶지 않았다. 그날로 나는 송화를 정리했고 내가 이 사연을 알게 된 것을 눈치챈 송화도 연락이 없었다. 요철이 너무 심하게 파인 송화랑 나는 평생 자신이랑 반대편 요철 모양을 가진 사람을 찾았으나 그렇게 짧게 느끼고는 헤어지고 말았다.

사랑이라는 것이 과연 무엇인가? 아마 내 평생에 송화만큼 내 성향을 이해하고 그런 면에서 날 사랑하는 여자를 다시 만날 수는 없을 것이다. 하지만 그것이 사랑인지는 모르겠다. 아마 우리가 계속 그렇게 연애했다면 결국 둘 다 타 죽거나 더 강력한 도착증세로 미치지 않았을까? 이렇게 지금 평온한 삶이 훨씬 나은 거라고 거짓말도 해본다만, 한 가지 확실한 것은 다시 송화를 보고 싶다는 것이다. 죽기 전에 꼭 한 번만이라도…

글을 이렇게 마치려 합니다. 채송화를 망상증이 심한 분열증(schizophrenia)을 겪는 환자로 그려보았는데요. 아버지에게 어려서 남자로서 행동을 강요받았던 상처를 병인으로 주목해 보았습니다. 자아가 완성되는 '거울시기'에 이처럼 부모에게 잘못된 교육이랑 억압을 받아 자아가 분열되는 병을 겪는다는 설정이지요.

그리고 망상을 완성함으로 분열증 같은 정신병을 치료한다는 라깡 선생님 말씀에 착안해서 송화에게 연기시켜 보았고요. 남자는 강박증이랑 성도착을 동시에 가지고 있는 사람으로 만들어 보았습니다. 강박증이랑 도착은 동시에 가질 수 없다고도 하지만 이야기 재미를 위해서 두 가지를 모두 가진 환자로 탄생시켰네요.

앞으로 오늘 이야기처럼 다양한 도착이나 증상을 가진 신경증자, 히스테리 환자, 정신분열증자를 모델로 해보려 합니다. 정신분석에서 우리 모두는 신경증자들입니다. 단지 정도에 차이만 있고요. 그러니 '환자'라는 표현은 정신분석에서는 맞지 않습니다. 모두가 환자이니까요. 그렇지만 제목에 <환자>라고 사용했습니다. 특정 증상을 가진 분들을 비하하기보다는 반대로 <환자>라는 단어 스펙트럼을 넓히려 함입니다.

신경증자인 남자가 정신병을 지닌 여자를 만나서 사랑하고 구원해 주려 노력하는 모습은 그 어떤 신파보다도 슬프고 애절하고 그 둘이 맞춰가는 섹스에서 튀기는 불꽃은 우리 신경증자들끼리 나누는 사랑보다 훨씬 더 할 것 같습니

• 2015, 멜번

다. 가끔 마주하는 정신병을 앓는 분들은 우리 신경증자들이 만든 세상에서 어쩔 수 없이 적응하지 못하고 소외되며 외로운 삶을 살아야 하는 것도 또 다른 사연 거리가 됩니다.

이렇게 해서 <날 사랑한> 시리즈에 새로운 방향을 잡았는데요. 이를 위해서 더 많은 사례를 연구하고 증상을 공부하고 치료 방법도 찾아보겠습니다.

모두들 사랑하며

이만 총총

추신: 늘 저를 응원해주시는 분에게 받은 독후감을 아래 첨부합니다.

"아이 재우고 회계사님의 글을 읽어보고 제 느낌을 공유하고 싶어서 몇 글자 적어 보려 합니다. 저는 '송화'라는 친구에게서 제 지나간 과거가 떠올랐습니다. 제가 태어났을 때 딸이라고 (친인척을 포함한) 가족들이 아이를 갓 출산한 엄마와 저를 병원에 두고 밥 먹으러 갔었거든요. 제 유년기를 돌이켜보면 아주 가끔 내가 남자였다면 어땠을까 하고 스쳐 지나가듯이 생각했던 기억이 문득 떠오르네요. 조현병은 잘못된 양육 방식 때문에 발병한다는 이론은 이제 인정받지 못하는 이론이 되었습니다. 라깡 선생님이 아무리 시대를 거슬러 인정받는 분이셔도 현대 의학에서 망상을 완성함으로써 정신분열병을 치료한다는 이야기는 당사자 입장에선 정말 소름 돋는 이야기로 들립니다. 급성기 때 어떤 짓을 할지 본인도 모르거든요. 제가 아는 환우는 자기가 하느님인 줄 알고 자신이 부활할 수 있다고 믿고 자살기도를 두 차례 했습니다. 그러니 송화처럼 망상만 하고 있었다면 그건 정말 불행 중 다행입니다. 하지만 치료받지 못하고 방치된 환우들에게는 비극적이고 일반적이지 못한 일들이 벌어지고 그 기억들은 환우와 환우 가족들에게 트라우마로 남습니다. 저 또한 지나간 일들이 가슴 한편에 자리하고 있습니다. 그 기억들이 끔찍해서 다시는 재발하지 않으리라 다짐하고 재발 안 하게 조심조심 살고 있고요. 과연 송화는 자신이 만든 '채상혁'이라는 세계 안에서 행복했을까요?

둘 관계가 과연 서로를 위해주는 바람직한 관계였을까요?

조현병 당사자로서 묻고 싶은 질문입니다. 송화의 망상을 키워준 회계사님은 진정 상대방에 대한 사랑과 존중, 이해가 있던 관계였는지도 궁금합니다.

우선 제 글을 진지하게 보아 주셔서 감사드립니다. 저는 임상 연구가도 치료자도 아니기에 전문성이 없다는 것을 이미 염두하시고 주신 질문이라고 생각해서 제가 글 속에 남자인 것으로 다시 동일시해서 글을 쓰던 감정으로 돌아가 답변을 해보겠습니다.

나는 송화를 행복하게 해 주려는 노력을 하기는 했습니다. 하지만 그 행복 자체를 이루려는 것은 내 욕망 근원은 아닙니다. 글에 보시면 송화 망상을 차근차근 들어주는 듯 하지만 그것은 어디까지나 송화 옷을 벗겨 보려는 수작에 불과하고요. 망상을 들어주는 노력도 '개소리' 같다는 식으로 표현했으니 진심으로 그를 위했다고 할 수는 없습니다.

정도 차이지만 저 역시도 송화를 이용했던 수많은 남자 중에 하나일 뿐입니다. 송화를 통해서 내가 가진 도착을 충족받으려는 것이 최종 목표였으니까요. 신경증자가 정신 질환자를 이용하는 모습은 우리 현실에서 너무도 흔하게 보이기에 그것도 글 속에서 표현해 보고 싶었습니다.

마지막으로 질문하지 않으셨지만 치료에 대한 오해가 있을 것 같아서 사족을 달면, 분열증이 폭력성을 띄거나 말씀하신 것처럼 자해 성향을 보인다면 반드시 약물 치료를 동반해야 한다는 것은 현재 라까니언들도 동의하지만 약물 치료가 근원 해결책이 아니라는 라깡 선생님의 Classic 한 기조는 고수하는 것으로 알고 있습니다. 증상이나 그에 따른 치료는 복잡한데 이런 어줍지 않은 글에서 너무 쉽게 표현한 것도 사과드립니다.

하지만 신경증자들 속에서 고독해야 하는 정신 질환자들이 느끼는 외로움에 측은함을 느끼는 것도 내 솔직한 심경입니다. 이것은 따로 말씀드리지 않아도 느끼셨을 거라 믿습니다. 그렇기에 댓글을 주셨겠지요. 이것으로 답변이 되었을까 합니다.

감사합니다.

총총

오늘도 도끼맞은 너에게!

사랑이라는 착각

오늘도 도끼맞은 너에게!

5 날 사랑한 방송작가

• AI를 글로 이기는 방법

AI 전성시대입니다. 글도 잘 쓰고 그림도 인간보다 더 잘 그린다고 합디다. 그래서 결투를 신청해 보았습니다. 같은 주제를 놓고 글을 써보았습니다. 키워드는 호주 유학, 짝사랑.

이런 것으로 누가 더 애절하게 독자들 심금을 울릴 수 있는지 내기를 합니다. 여러분들이 심사위원이 되어서 누가 나은지 평가해 주시면 감사하겠습니다. 그럼 시작합니다. AI에게 선공을 양보하겠습니다.

• ASKUP, 2023

어느 날, 호주로 유학을 온 남자 학생이 자신의 친구 여자에게 첫눈에 반했습니다. 하지만 그녀는 이미 다른 사람과 교제하고 있었기에, 남자 학생은 자신의 감정을 숨기고 그녀와 함께 시드니의 거리를 거닐며 친구로서의 시간을 보냈습니다. 하지만 매 순간 그녀를 바라보는 그의 눈빛은 짝사랑하는 마음을 드러내고 있었습니다. 그런데, 어느 날 그녀의 남자친구와 헤어졌다는 소식을 듣게 되었습니다. 그녀의 슬픔을 달래주기 위해 함께 시드니의 해변을 방문한 그들은, 해변가에 노는 어린 소녀와 그녀의 아버지를 만나게 됩니다. 아버지는 한국에서 살았던 경험 때문에 한국어를 유창하게 구사했고, 그녀와 그녀의 아버지는 한국어로 대화를 나누며 서로의 문화를 공유하게 되었습니다. 남자 학생은 그녀와 함께한 이 순간이 자신의 인생에서 가장 아름다운 순간이었다고 생각합니다. 그러나 그녀는 아직도 전 남자친구에 대한 아픔이 있었기 때문에 남자 학생의 짝사랑은 이루어지지 않았습니다. 그러나 그는 그녀의 행복을 위해 그녀를 응원하고, 그녀와 함께 호주에서 보낸 소중한 추억을 잊지 못할 것입니다.

좀 짧은 감이 있군요. 자, 그럼 반격하겠습니다. 이 패에 인생 겁니다.

그 사람은 아직도 Daniel을 사랑할까?

2년 전쯤 나에겐 흑인 친구 Daniel이 있었다. 한국 음식을 좋아하고 한국 사람도 좋아하는 그는 한국말로 처음 내게 말을 걸었고 우린 금세 친구가 되었다. 크지 않은 키에 미남은 아니었지만 밉지 않은 얼굴엔 항상 웃음이 가득했고 늘 장난꾸러기였다. 우린 Belmore 명문 학원 뒷길 나무가 무성한, 정말 아름다운 길가 아파트에 사는 이웃사촌이었다.

언젠가 처음 집 앞에서 그를 보았을 땐 별로 호감이 가질 않았다. 행여 거친 놈은 아닐까 하는 경계심 어린 내 눈초리에 그도 긴장한 눈길로 나를 보았기 때문이다. 그때는 '너와 말썽 피우고 싶은 생각 조금도 없다. 절대로 내 인생에 들어오지 마라'는 식의 태도였고 그도 충분히 내 뜻을 아는 듯한 눈치였기에 우린 그렇게 알면서도 모르는 듯 몇 개월을 보냈다.

지금은 회비가 달에 50불로 올랐다는데 그 당시 Belmore 역 앞 RSL Club은 연 회비 13불만 내면 그 안에 있는 작은 체육관을 이용

• SYDNEY, 2009

할 수 있었다.

연회비가 그러하니 체육관 시설이 좋을 리는 없다. 마루장은 온통 부서져 있고 조명도 없으며 남자들 땀냄새만 진동하는 곳으로 관리인이라곤 귀도 잘 들리지 않는 까칠한 백발노인네 한 명이 전부였지만 나는 그곳이 좋았다. 낡긴 했어도 어지간한 운동 기구는 다 있고, 덩치 크고 무서워 보이는 호주 아저씨들이나 나같이 가난한 이민자들이 오는 곳이지만 막상 이야기해 보면 의외로 잘 통하고 순진하기까지 한 사람들이라 분위기는 어둡지 않았다.

흑백 사진 속 같던 그곳에서 나는 옆집 Daniel을 두 번째로 만났다. Daniel은 그날 처음으로 그곳에 왔다는데 그 분위기와 냄새가 마음에 들지 않는다며 다시는 오지 않았지만 그날로 우린 잠시 좋은 친구가 되었다. 내가 한국 사람임을 눈치챈 그는 대뜸 엉성한 우리 발음으로 말을 걸었다.

"Hey, 그대! 이람이 뭐죠?"

"What did you say, boss?"

"Your 이람(이름)!"

하며 신나게 웃는데 나 역시 마음을 열지 않을 수가 없었다. 동양인 중에서도 한국 사람이 가장 좋다는 Daniel은 나 말고도 한국 친구가 많았고 언젠가 내게 보여주었던 사진 속 여자 친구도 한국 사람이었다. 나는 가끔 심심하거나 숙제하다 영어가 막히는 것이 있으면 Daniel네 집을 두드렸다. 그러면 항시 웃는 얼굴로 날 맞이했고 왜 더 자주 놀러 오지 않냐고 '그대, 미워!' 했다. 잠시지만 정이 많고 웃음도 많은 친구였다.

남자 둘이 저녁 늦게 만나니 자연스레 여자 이야기를 했고, 내 비참한 유학생활은 짝사랑으로만 가득 찼다고 하자, 거짓말 말라며 솔직히 털어놓으라면서 윽박지르고는 자신 한국 여친 이야기를 조금씩 해주었다. 그러고 며칠 있다가 우리 셋은 Daniel네 아파트에서 우연히 만났다. 내가 놀러 갔는데 여친이 뒤늦게 온 것이다. 머쓱해서 나가려 하자 괜찮다며 함께 놀자 해서 우린 그렇게 처음으로 함께했다.

키가 거진 나만 하니 Daniel보다는 컸고 얼굴도 영화배우 같은 데다 말소리도 고분고분한 것이 무척이나 아름답고 매력 넘치는 한국 여자였다. 무슨 일을 하시냐 물으니 지금은 유학생인데 한국에 있을 때는 국영 방송국 작가였다고 했다. 글 쓰는 것에 관심 많은 나이기에 금세 우린 통하는 사이가 되었고 나이를 따져보니 마침 동갑이라 내친김에 우리도 친구가 되기로 했다.

물론 그날 이후로 그 사람과 나는 만나야 할 이유가 전혀 없었다. 혹시 다시 뭉치더라도 Daniel을 위해 나는 금세 자리를 비켜 줄 뿐이었다. 이제와 소용없는 짓이니 조금 솔직해지자면, 내가 그를 피한 이유란, 그 사람이 무척이나 미인이었고, 또 보기 드물게 진심으로 날 이해하는 사람이라 내 감정을 나도 주체하지 못할까 무서웠다. Daniel이랑 내가 얄팍한 사이라지만, 그래도 친구 여자이니….

그래도 네 번인가 더 만났다. 그날 이후 나는 어쩐 일인지 Daniel네 집에 반드시 가야 할 이유를 매일 같이 찾을 수 있었고 그 결과 우연을 가장한 우리 만남이 이어진 것이다. 꼭 옆에 Daniel이 있어서가 아니라도 마음 한구석에서는 자꾸만 죄를 짓는 느낌이 들어 그 사람과 말을 할 때는 궁금한 것도 묻지 않고 반응도 주지 않으려 했지만 1분도 가지 못해 신이 나서 떠들고 있는 내 모습을 마주해야 했고 그 사람도 우리말로 나누는 대화에서 Daniel이 주지 못하는 기쁨을 느끼는 듯했다.

그러면 곁에서 대화에 끼지 못하는 Daniel에게 미안해졌고 나는 있지도 않은 약속거리 따위를 만들어내서 가야 한다고 둘러 대며 죽어라 떨어지지 않는 발길을 옮겼다. 그러던 어느 날인가 Daniel 얼굴이 좋아 보이질 않고 전에는 몰랐는데 내 앞에서 담배 꺼내 피우는 일이 많아졌고 통 그 사람 얘기도, 얼굴도 보기 힘들었다.

너무 궁금해진 나는 슬쩍 분위기를 봐서 캐보니 잠시 말이 없던 Daniel은 담배 연기를 뿜듯이 후욱 말했다. 몇 달 전쯤 코리아타운에서 술을 많이 마신 날, 깜빡 피임을 하지 않았는데 바로 아기가 생겼다는 것이다. 그 사람은 낳자고 했지만 자기가 원치 않아서 며칠 전에 지웠다고 했다. 이런 자신을 욕해도 할 말이 없지만 아기 때문에 인생이 묶이고 싶지 않았다고 했다. 언제나 용기 없는 나는 '그래 그럴 수 있지' 하고는 집으로 돌아와 밤새도록 알지 못할 눈물만 하염없이 흘리다 새벽녘에는 문을 박차고 달려 들어가 녀석의 턱을 부숴 버리고 싶었다.

그 사람이랑 나는 한 가지 공통점이 더 있었는데 그것은 그가 사는 곳이 Bankstown이었고 그때 내가 일했던 곳도 Bankstown shopping centre였다. 이 말은 하면 안 될 것 같지만 나는 대화 중에 그 집 위치를 대략 알게 되었다. 정확한 주소는 아니지만 대충 그가 사는 곳이 어디인지 감이 왔다.

그리고 이 말도 하면 안 될 것 같지만 그 해 겨울, 아이를 막 지운 그때, 나는 Daniel 몰래 그 사람 집에 병문안을 갔다. 알바를 마친 어느 일요일 저녁 마트에서 여자들이 집에서 신는 따뜻해 보이는 복실 복실한 털신 한 켤레랑 과일 몇 봉지를 사 들고 그곳에 간 것이다.

마침 아무도 없어서 그냥 오려는데 사 가지고 간 것을 다시 들고 오려니 참 마음에 걸려서 그 아파트 주차장 앞에 쭈그리고 앉아 그를 기다렸다. 내가 지금 뭐 하는 짓인가, 이게 무슨 미친 수작인가 화가 버럭 나서 사 들고 간 것을 전부 땅바닥에 내동댕이 쳐 버리고 싶은 마음만 굴뚝같았고, 사실 Daniel이랑 무슨 일이 있었는지 자세히도 모르니 행여나 그 둘이 팔짱을 끼고 웃으며 올 것만 같은 상상에 가슴이 조마조마한 것이 정말 눈물이 핑돌고 확 죽어 버리고만 싶었다.

그렇게 추운 곳에서 한참을 기다리니 저기서 혼자 천천히 걸어오는 그가 보였다. 나는 과일이고 뭐고 다 집어 내던져 버리고 도망쳐 버리고 싶었지만 그래도 한 번이라도 그 목소리가 너무나 듣고 싶어서, 얼마나 가슴이 아플까, 우리는 모두 친구인데 친구 된 도리로 위로해 주는 것이 마땅하다며 스스로에게도 역겨운 거짓말을 하며 참고 버텼다.

이내 날 보더니 깜짝 놀란 모습이다가 내가 근처에서 일하는 것을 기억했는지, 그리고 내 손에 있는 것들을 보자 창백하게 웃으며 추운데 들어가자며 내 손을 잡아 끄는 것을 죽어라 싫다고 버티고는 과일이랑 털신만 냅다 쥐어주고는 뒤돌아 보지도 않고 기차역으로 도망쳐 버렸다.

그 사람이 매정하다고 말하고 싶지는 않아도 그날 이후 그래도 혹시나 했지만 아무런 소식이나 연락도 들을 수 없었다. 이에 한동안 Daniel을 찾지 않던 나는 며칠만에 또 Daniel네 집에 찾아갈 구실을 찾아내고 말았다.

그러다 듣게 된 것이 그 둘은 화해했고 그도 많이 건강해졌으며 결국 예전같은 사이로 돌아왔다는 소식이었다. 기쁜 척했지만 웃기게도 나는 무척이나 깊은 배신감 같은 것을 느꼈다. 그래도 잘 된 것이라 애써 웃음지었다.

그러고 나서 나도 이런저런 일로 바빠야 했고 어쩐 일인지 다 꼴보기가 싫어져서 Daniel을 멀리하다가 다시 몇 개월 만에 우연히 Belmore 기차역에서 함께 Daniel과 내리면서 놀러 오라고, 간다고 약속하고 말았다.

오랜만이었는데 Daniel은 역시 밝고 명랑했고, 내가 왜 유난을 떨며 못나게 굴었나 싶었다. 이런저런 얘기를 하며 신나게 웃고

Daniel이 보여주는 그 능청이랑 농담에 시간 가는 줄을 몰랐다. 그러다 이번엔 그가 먼저 그 여자 친구 얘기를 꺼냈다. 궁금하기야 내가 더 궁금했지만 그저 모른 척 시치미를 떼고 있는데 다행히도 녀석이 친구 마음을 알았는지 먼저 그 얘기를 시작했다.

몸이 다시 불편하다는 것이다. 내가 어리둥절함에 어찌 다시 그러느냐 물으니 또 술을 많이 마신 날이 있었고 그 밤 다시 피임 없이 살을 섞으며 밤새 뒤엉켰는데 그만 또 아이를 갖게 되었다는 것, 어찌 우리는 이렇게 잘 맞는 사이인지 모르겠다며 씁쓸한 농담을 하는 그 주둥아리, 예나 지금이나 자신의 그 인생 목표, 자유롭고 싶다는 그 고매한 정신은 변함없다는 쳐 죽일 소신으로 두 번째 아기마저 죽였고, 여자는 아프다고 했다.

나는 눈물이 왈칵 쏟아져 나오려는 것을 억지로 참으며 이제는 친구고 뭐고 안경이 부러져라 면상을 갈겨 주고 싶을 것을 부르르 참으며 아무 말도 없이 그 저주받을 집을 뛰쳐나왔고 Daniel과는 처음부터 모르는 사이가 되었다.

매일 밤이면 칼을 들고 그를 찾아가 마구 찔러 죽이고 싶은 그 증오심을 이길 길이 없어서, 결국 그 주에 억지 핑계를 집주인에게 늘어놓고 이곳 파라마타로 모든 짐을 옮기고 다시는 Belmore를 가지 않았다. 마침 일 년 전 그때가 문득 생각이 나서, 이런저런 심란함이 들어 또 쓸데없이 한자 적어본다.

21/10/2003

파라마타에서

사랑이라는 착각

오늘도 도끼맞은 너에게!

6 날 사랑할 수 없는 AI

• AI가 우릴 극복할 수 없는 이유

<날 사랑한> 시리즈 원고를 박영스토리에 보내고 기획부 부장님이랑 첫 미팅을 하면서 받은 feedback은

"제목 자체가 반전이네요. 아무도 회계사님을 사랑하지 않은, 도끼 에세이인데 그래서 맘에 들었어요^^"

계속 보시겠지만 <내가 사랑한> 시리즈는 제가 사랑한 내용들 뿐입니다. 상대가 정말로 날 사랑했는지는 중요하지 않으며 주인공 남자인 드림 군은 끝까지 사랑받았다, 우린 서로 좋아했다 우깁니다.

놀랍게도 많은 사람들은 사랑이 무엇인지 잘 모릅니다. 저도 그렇습니다. 정신분석에서 우리 마음은 의식 3대 무의식 7 비율로 이루어졌다고 하는데요. 특히 사랑처럼 강렬한 감정은 무의식 비중이 더 클 것 같습니다. 인간은 자기 무의식을 스스로 들여다볼 수 없으니, 내가 하는 이 사랑을 의식에서 무어라 설명하고 이해할 수 있는 사람은 없겠습니다.

이 책에 등장하는 주인공들이 사랑했다면 사랑했으면서 왜 헤어졌느냐고 묻는 분들도 있습니다. 도끼병 걸린 남자의 이야기에서는 전혀 중요하지 않은 질문이라 깊이 생각한 적은 없지만 이 역시 내 무의식이 행한 일로 왜 그 사람을 사랑했는지 의식으로는 설명 못하기에, 마찬가지로 그 사람을 떠났는지도 결국 나는 찾아내지 못합니다.

AI랑 글쓰기 내기를 했던 앞에 글에서 AI 글보다는 제 글이 좋다는 분들은 당연한 이야기이지만 무의식이 있는 인간들입니다. 만약 AI 심사위원들이 다시 채점한다면 결과는 반대일 거라 생각합니다. 그 놈들이 보기에 제 글은 온통 모호하며, 사랑을 했다면서 그 원인이랑 결과가 늘 상충되기에 AI로서는 절대 이해할 수 없는, 평가 자체가 불가능한 비논리 극치일 것입니다.

"AI는 무의식이 없기 때문입니다."

나도 모르는, 설명할 수도, 마주할 수도 없는 무의식을 더 큰 비중으로 마음속에 가지고 있는 우리는 영원히 AI랑 다른 길을 갑니다.

상황이 이럴지니, AI 제작자들은 인간을 정말 흉내내는 AI를 만들고 싶다면 무의식 세계를 구현하는 다른 저장소를 설치한 후 일부만 지금 의식 역할을 하는 부분이랑 연결하고 독립시켜 관리해야 합니다.

그리곤 그 둘을 처절하게 싸움시키고 그 과정에서 시스템이 흔들리며 멈추고 에러가 발생하는 AI신경증도 만들어내야 합니다.

뿐만 아닙니다. 무의식 체계 중에 일부는 신경증자랑 다른 정신병 증상을 가진 AI도 따로 만들어 더욱 이해하지 못할 언어로 서로 대화하며 이해하려는 노력도 있어야 합니다.

지금처럼 무의식이 없는 AI 따위로는 인간이 만든 것을 복기하거나 기능이나 기술면에서 뛰어난 것 말고 진정한 인간을 구현할 수가 없습니다. 물론 그런 불온전성이 없기에 AI는 우리를 박멸해야겠다 생각할 수도 있겠지만 결국

• 북 시드니, 2023

수 싸움에서 우리 다양성을 따라잡을 수 없습니다. 단순 기술 발달로 우릴 전멸시킬 수 있다고 할지는 모르겠으나 우리 인간들이 보여준 예술혼이나 문학 수준까지는 절대 극복하지 못할 것입니다. 단순히 인간이 쓴 습작들 5조 분량을 읽는 것 만으로는 절대 이런 불온전한 감성이랑 예술 세계를 따라오지 못하니까요.

요즘 출간을 준비하는 과정에서 제 글을 다시 보고 있습니다. 일하면서도, 밥을 먹으면서도, 야구를 보면서도, 욕하며 신문 기사를 읽으면서도, 심지어 꿈속에서도 이 글을 검토하는 자신을 봅니다. 이 정도면 의식이랑 무의식이 공동 작업을 하는 셈입니다.

이렇게 의식이랑 무의식이 일치되어 일을 하는 기쁨을

• 2023, 시드니

'황홀경'이라고 표현해 보겠습니다. 글을 쓴다는 작업은 저에겐 무의식이라는 내 안에 타락한 천사 혹은 아름다운 괴물이랑 사이좋게 이야기하고 마주하는 시간입니다. 마치 분석가에게 정신분석을 받으며 자유연상을 통해 내 무의식을 마주하는 기분이 이럴까요? 정신분석을 아직 받아 보지는 못했지만 언젠가 분석을 받으며 나도 모르는, 그러나 진정한 나라고 평가받는 그 무의식을 한 번 보길 소원합니다.

<날 사랑한> 다음 글을 시작하겠습니다. 누가 어디까지 날 사랑했는지 다시 살펴 보겠습니다. 여러분들이 보시기에 뻔할 수 있지만 나름 그 안에서 예측할 수 없는 제 무의식을 보는 것으로 이 논의를 증명해 볼까 합니다.

세상 오만가지 인간으로부터 사랑받은 저라지만 AI는 무의식으로 구성된 저를 사랑할 수 없을 것이고 저 역시 AI만은 영영 사랑하지 못할 것입니다.

모두들 사랑하며

시드니에서

7 날 사랑한, 사모 이야기

- 사모님을 사랑하는 방법

제 죽마고우이며 제 글을 즐겨보아 주는 문감독이라는 친구가 있습니다. <날 사랑한> 시리즈 작명도 그 친구가 도움을 주었지요. 최근에 이 시리즈 소재 고갈을 실토하자 소설 <검은 집>(1977)같은 공포물 식으로 써보는 것은 어떠냐고 하더군요. 그 조언대로 시도해 보았으니 실패했고 이 글 역시도 야한 사랑 이야기 구조로 갑니다.

학창시절 정비석 <성황당>, 백석 <나와 나타샤와 흰 당나귀> 등에서 받은 감성이 아직도 제 마음 속에 남아 글 뼈대 이루었네요. 시작하겠습니다.

특정 직업군은 단순히 생계유지 수단를 넘어 다양한 잣대로 평가받는 경우가 있다. 특히 종교 지도자들은 가족도 있고 생활인으로서 살지만 우리가 그들에게 요구하는 도덕성이나 거룩한 기대치는 높다. 의사나 기자 등 또 다른 사명감을 가진 직업인들은 살면서 친분을 깊이 쌓을 기회가 흔치 않지만 목사님들은 주변에 많다. 내가 출석했던 교회들을 포함해서, 친구 아버님 세 분, 선배님 큰 형 두 분에 우리 고객들까지 더하면 20명 넘는 목사님을 알고 지낸다.

그러고 보니 내가 사는 시드니에는 목사님들이 참 많다. 기독교 국가인 호주는 목사님들에게 영주권을 주는 사례를 최우선으로 여겨왔기 때문이다. 이런 행정상 특이성 때문에 사명감을 가지고 사역하시는 목사님들뿐 아니라 사업으로 아니면 비자 취득 목적으로 신학을 공부하고 목사 안수를 받은 이들도 종종 본다. 오늘은 후자에 속한 목사들 이야기이다.

지금은 이민법이 바뀌어서 교회를 통해 영주권을 받는 절차가 까다로워지고 그렇게 해서 호주에 정착하려는 사람들 수도 많이 줄었다. 하지만 15년 전만 해도 교회는 전도사 혹은 부목사들에게 영주권 도장을 찍어주는 공장 역할도 같이했다.

그러니 꼴랑 신도라고 대여섯 있는 교회라도 비영리 단체로 등록하고 유지한다면 그곳 담임 목사는 거의 이민성 차관 같은 권한을 교회 직원들, 특히 영주권에 매달리는 그들에게 행사했다. 물론 다 그랬다는 것은 아니다. 대부분 70% 이상 목사님들은 청렴하고 사명감을 가지신 분들이다. 내가 교민 사회에서 존경하는 어른들은 대부분 목회자들로 학자이며 작가이고 뛰어난 영성을 지닌 분들이기에 그 기대치에 미치지 못하는 목사라면 더욱 튀게 도드라질 뿐이다.

다시 15년 전으로 돌아가서, 신학 대학 졸업장에 교회에서 사역하는 경력 인증만 받으면 영주권 도장을 바로 받는 시절이니 시드니 이민자 사회에 교회들이 우후죽순격으로 솟았고 우리 회계 법인에서 관리하는 교회만 해도 백개가 넘었다. 일도 쉽고 서류를 만들어주면 비자라는 결과물이 바로바로 나오니 고객인 교회들 입장에서도 돈을 아낄 이유도 없었고 일해주는 회계사들도 보람있던 시절이었다.

그러나 일부 타락한 목사들은 아예 가격을 정해 놓고 비자 장사를 했다. 신학 대학을 졸업하고 경력이 필요한 전도사들은 울며 겨자 먹기로 무보수에 가까운 시급으로 일을 했고 다행히 그렇게라도 영주권을 받으면 감사해 했다. 그리고 그 중 소수는 영주권을 받으면 돌변하여 자신이 빨대 빨린 고혈이랑 투자금을 새롭게 졸업한 후배 목사들에게 받아내는 악순환도 흔했다. 반대로 자신이 당한 고통을 아래로 돌리지 않는, 쿨하고 통 큰, 예수 사랑을 실천하는 목사님들이 더 많았던 기억이다.

• **리틀 베이**, 2020

자기 혼자만 당하면 그나마 다행이게, 그렇게 비자가 걸리면 온 가족이 그 교회에 목이 메인다. 특히 아내인 목사 사모들이 고생이 컸다. 교회에는 여자들이 해야 할 일도 널렸기 때문이다. 당장 매주 교인들 평가를 받아야 하는 점심 메뉴는 교회에서 빠질 수 없는 서비스였다. 농담 삼아 밥 때문에 다른 교회로 못 옮긴다는 말은 시드니 이민자들 사이에서 흔했다. 물론 주일 예배 말씀이 후지거나 교회에서 나누는 배려가 부족해서는 크게 부흥하지 못했다.

작은 교회라도 열 명 넘는 사람을 먹이고 치우고 음식 준비를 하는 일은 쉽지 않다. 만약 따로 식당반을 담당하는 집사님이 없다면 그런 일은 오롯이 전도사들 사모에게 돌아갔다. 교회 안에서 일하는 당사자들에겐 어디 신경 써야 할 것이 그것뿐이겠는가? 영주권에 목숨을 메는 가정에게는 자기들 생사 여탈권이 걸린 살얼음 같은 삶이었다.

• 홈부쉬, 2021

이때도 하급 회계사였지만 경력도 일천한 초급이기도 해서 고객들 일차 서류 더미를 정리하고 다듬는 일을 지금보다 더 많이 했다. 사람들은 입만 열면 돈 돈 하지만 막상 세금 문제는 크게 알고 싶어 하지도 않고 준비도 철저히 하지 않는다. 업으로 하는 나도 골치 아픈 내 세금 문제에 크게 관심 없으니 말해서 뭐 하겠는가?

그렇다 보니 우리에게 던져주는 교회 세무신고 서류 뭉치는 정말 가관이다. 영수증 다발 속에 교회 주보가 들어 있는 경우는 애교이고 온갖 쓸데없는, 경비처리할 여지라곤 군대 고깃국 안에 건더기보다 찾기 힘든 것들만 잔뜩 들어있었다.

더 기가 찬 것은 보고 싶지 않고 알고 싶지도 않은 것들이다. 목사님이 주로 드시는 술 영주증, 자제분이 다니는 호주 귀족 사립학교 비용, 골프채, 명품백 등 율법에도 어긋나며 사치스러운 생활이 보이는 자료들 말이다. 목사도 사람이고 개인 취향이라는 것도 있으니 뭐랄 수는 없다. 그냥 나는 못 본 것이다.

헌데 못 보았다고 그냥 넘기기 힘든 것들이 있다. 엑셀 서류를 넣었다는 USB를 찾아보라 하여 박스를 뒤지다 보니 두 개다. 열어보니 엑셀 서류가 있는 것은 하나이고 다른 것은 잡다한 개인 자료들이 있는 USB였다. 그냥 닫으려고 했는데 [교회 행정] folder가 보였다. 에이, 귀찮게 이건 또 뭐야. 아마도 교회 관련해서 세무 서류 말고 다른 것들이 있을 듯했는데 혹시라도 안 보았다가는 나중에 챙기지 않았다 어쨌다 한소리 들을 것 같아서 짜증 났지만 바로 닫을 심경으로 살짝 들어가 보았다.

폴더를 열어보니 눈에 바로 띄는 서브 폴더로 [내꺼]라는 것이 또 보였다. 순간 쏴한 느낌이 들기 시작했다.

내꺼라니….

짧고 강렬하면서도 뭔가 아래에 사는 령(靈)을 묘하게 자극하는 그 단어가 어서 열어보라고 재촉을 했고 클릭하면 혹시 다녀간 흔적이 남으려나? 걱정도 들었지만 그냥 들어가 버렸다. 안에는 여러 편 동영상이 있는데 눈동자가 확! 커졌고 사무실 주변을 살피고는 스피커가 없는 컴이지만 혹시 무슨 지랄로 음성이 나올까 싶어서 여러 번 확인한 후에 동영상을 켰다.

그 순간 나는 숨이 턱 막혔다. 허연 여자 알몸이 바로 나오는 그 영상은 초점도 나갔다 들어왔다를 반복하고 화면 구도 역시 어긋난 것으로 보아 직접 촬영한 영상이었다. 처음에는 이 웃기는 목사님 취

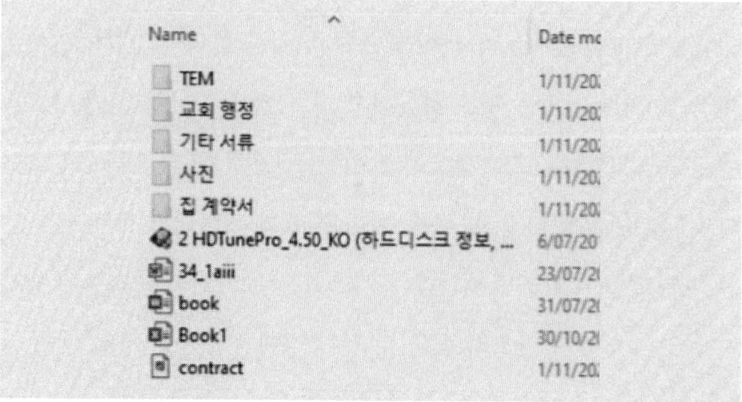

향이 여기까지인가 싶었는데 그 목사랑 사모 나이를 아는 나로서는 화면 속에 젊은 여자는 본처가 아님을 바로 눈치챘다.

야함이 주는 당혹스러움도 잠시 그 영상들은 단순 섹스가 아니라 아주 기괴한 도착을 여성에게 강요하는 장면도 들어 있었다. 극도로 높은 수치심을 유발하는 자세들은 기본이고 강압스러워 보이는 도구들이나 때리는 것으로 보이는 장면들도 있고 정말 보는 사람도 손이 떨릴 정도로 여자가 당한다는 느낌이 컸다. 그리곤 여기가 사무실임을 인지하고 바로 껐다.

이 file을 나는 절대로 못 본 것으로 해야 했다. 하지만 여러 가지 생각에 사본을 만들어서 집으로 가져갔고 집에서 음성으로도 확인한 결과 온갖 상스러운 언어, 거친 섹스 욕, 응앙응앙 신음 따위로 얼룩진 장면을 목격한다. 그리고 변호사 친구에게 내 이야기는 아닌 듯 돌려서 물어보았다. 이렇게 취득한 물건이 혹시 나중에 어떤 문제가 될지 그리고 만약 화면 속에 여성을 돕는 방향으로 증거 채택이 될지 등등을 물었다.

친구 변호사 놈은 바로 내 이야기라는 것을 알고는, 조언이나 법률 확인보다는 '나도 보자, 나도 나도!'이 난리를 쳤기에 너도 세상이 주는 기대감을 충족하지 못하는 변호사구나 싶어서 '같이 호주 콩밥 나눠 먹을래?' 협박하면서 조언을 마저 끌어냈다.

우선 녀석도 집이나 사고파는 서류에 서명하는 동네 변호사로 이런 특수 강간으로 보이는 사례는 다뤄 본 적도 없지만 법원에서 증거를 채택하는 과정이 아주 까다롭기에 이렇게 여러 사람 손을 탄 자료는 증거로서 채택되지 않을 확률이 아주 높고 오히려 회계사이면서 고객 개인 정보에 어줍지 않게 손을 댄 네가 큰일날 확률이 더 커 보인다고 했다.

그래도 사안이 형사범죄이고 법원에서 whistleblower 공익 제보자로 채택해주지 않을까? 물었지만 지금 내가 정보를 입수한 경로나 고객이랑 관계로 보아서 자기도 그게 적용이 될지 어떨지는 코트에 가서 따져봐야 하고 상대 변호사가 어떻게 나올지 예상을 할 수 없으니 장담할 수가 없다고 즉답을 피했다. 하여간 변호사 놈들은 친구라도 내 마음처럼 시원하게 도움이 되는 경우가 없다.

결국 영상 언제 보여줄 거냐 조르기만 당하다가 '아 됐어! 끊어!' 하고 전혀 소득 없이 대화를 마쳤고 고민만 더욱 깊어갔다.

사실 그 교회 담임 목사를 가끔 보아서 알고는 있었다. 아주 느끼하고 재수 없는 스타일 정도가 아니고 모르고 보면 건달로 보이는 몽타주였다.

50대인데 카라가 넓은 꽃무늬 남방에 스윽봐서 자기보다 어리고 뭔가 부릴만한 인간이라고 보이면 대뜸 반말지거리가 먼저 나온다. 나도 처음에 몇 번 사무실에서 서류 건네받고 하면서 인사를 잘했더니, 그게 맘에 드셨는지 다음부터 사무실에 오면 농담인지 진담인지 협박 비슷한 말을 하시는데 기분이 안 좋았다.

"어이, 회계사. 너는 어른을 보면 왜 이렇게 인사가 늦냐? 이 시키가 목에 깁스를 했나?"

하면서 은근히 목소리를 까는데 뭐 이런 인간이 목사인가 싶었다. 그 후로는 나도 훈련이 되어서 이분 목소리가 리셉션에서 들린다 싶으면 일을 하다가도 벌떡 튀어나와 조직원이 보스 모시듯 배꼽 인사를 드렸고, 그는 그렇게 사람을 언어를 이용한 공포랑 수임료라는 돈을 이용해서 조정하는 것에 능했고 아주 즐기는 표정이었다.

이런 식으로 목사님에게 교육이 되는 기분은 참 엿같았다. 선한 영향력을 받아서 개조되는 느낌이 아니고 뭔가 강간당하는 느낌인데 변호사 친구에겐 이야기하지 않았지만 그래서 그 영상 속 여자가 분명 그런 상황일 것이라고 나는 지레짐작을 했던 것이다.

또 한 가지 이런 인간들 특징은 모르는 것이 없으시다. 뭐든 다 안다. 대표님이 웃으면서 '우리 드림 회계사 유도 선수예요~'라고 늘 긴장한 나를 달래는 식으로 목사님에게 소개하자. 기다렸다는 듯이

• 스트라, 2018

'그래? 나도 중-고등학교 때 유도 좀 했지' 하면서 또 일장 연설을 시작한다. '아, 네… 그러시구나….' 나는 공손한 자세로 참교육을 당하는데 또 영상 속 여자로 동일시가 일어나면서 눈앞에 있는 목사를 메쳐버리고 싶은 욕망이 치밀어 올랐다.

그를 향한 내 증오랑 죽이고 싶은 폭력 소망은 세상으로 나오지 못하고 늘 무의식이라는 감옥에 수감되어 틈만 나면 올라오고 싶어 했다.

이때는 총각이라 약사 친구랑 주일이면 시드니 교회를 성지 순례하며 어디 청년부에 예쁜 여자가 있나 눈에 불을 켜고 다닐 때였다.

나는 운전도 싫어하지만 차도 아저씨들이 타는 패밀리카여서 스포츠 카를 모는 약사 친구네 집으로 일요일 아침이면 출근을 하고 오전부터 저녁까지 그 친구 차로 주변 교회를 어슬렁어슬렁 다녔다.

그러다 친구가 오늘은 아는 사람이 있는 다른 교회로 가보자고 해서 그러라고 심드렁하게 답하고는 조수석에서 전화기나 만지작 거리고 있었다.

놀랍게도 녀석이 날 데리고 간 곳은 그 건달같은 목사가 담임하는 교회였다. '아휴, 여기 재수 없어 임마'하고 도망가려 했으나 온 김에 밥이나 먹고 가자, 여기 점심 메뉴 잘 나온다(그게 누군가에게서 짜낸 고혈이었음은….)해서, 그 목사가 설마 주일날 지 교인들 앞에서도 건들댈까 싶어 얼른 밥만 먹고 가기로 했다.

다행히 목사는 다른 곳에서 식사를 하는지 안 보였고 배식을 받기 위해서 줄을 서 있는데 반찬을 담아주는 여성 중에 엄청 단아하면서 예쁜, 딱 내가 좋아하는 스타일 여자가 있었다. 힐끔 거리면서 가보니 어디서 본 것 같은 여자다.

백옥 같은 하얀 피부에 빽빽한 머리숱이며 가느다란 골격에서 여성스러움이 말도 못 하게 뿜어져 나왔는데 사람이랑 눈을 마주치려는 것은 극구 피하는 듯한 우울함이 보였다. 아마도 젊은 여집사님이거니 하고는 반찬을 받아서 오려는데 목에 벌건 상처 비슷한 것이 보였다. 마치 가죽으로 쓸리거나 나무 몽둥이로 맞은 듯한 자욱으로, 감추려고 옷 따위로 무척 애쓴 티가 나는데 워낙에 길게 목에 난 상흔이라 쉽게 보였다. 뭐지 싶었지만 친구랑 밥만 먹고는 다른 교회로 빠르게 자리를 옮겼다.

가는 길에 차 안에서 그 이야기를 했더니 친구 역시 '그 여자 너도

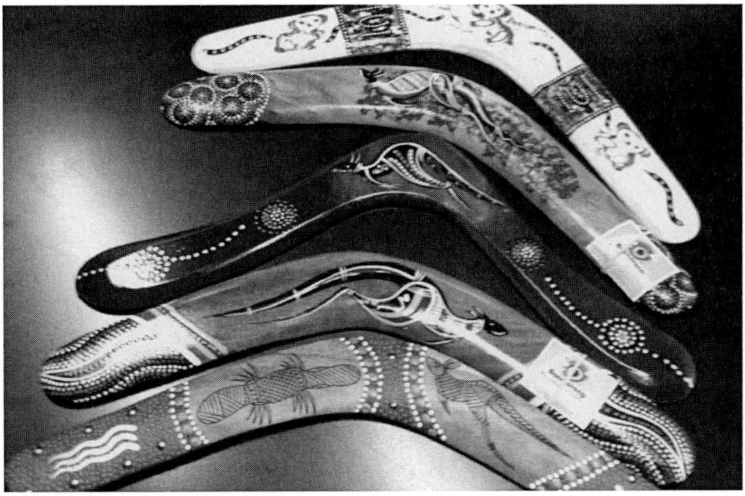

• 시드니, 2013

봤냐?' 너무 이뻐서 죽을 뻔했다고 너스레를 떠는데 목에 상처는 잘 기억 못 했다. 그 여자가 발산하는 매력에 홀려서 디테일을 확인하지 못한 듯했고 매주 오자고 하는 것을 미쳤냐고 난리쳐서 겨우 막았다. 그리고 뭔가 느낌이 계속 좋지 않았다.

집에 돌아와서 문득 숨겨놓은 그 목사 동영상이 기억이 났다. 그제야 설마 하는 기분이 확 들면서 손을 덜덜 떨며 화면을 켰다.

맞았다. 그 여자다.

이럴 수가 있는가! 동영상들을 모두 확인하자 그 여자가 왜 한 여름에 긴 팔을 입고 땀을 흘리며 사역을 하는지 그리고 나누는 대사에서 강요받는 "이렇게 말해봐! 저렇게 해봐" 하는 목사 도착을 충족시켜 주려는 장면에서 퍼즐 조각이 맞춰지기 시작했다.

그 여자는 부목사 아내로 겁탈을 당하고 있는 것이 확실했다. 물론 어떤 사전 계약이 있는지 피치 못할 사정이 있는지 아니면 오히려 여자가 먼저 원했는지는 그것만으로는 확인을 할 수가 없었다. 상상력이 풍부한 나는 보이지 않는 그런 상황들이 시나리오처럼 마구 머릿속으로 쏟아지며 목사를 패고 코트에 가고 변호사에게 용돈 주는 장면들까지 순식간에 파노라마로 지나갔다.

다시 사냥 작전을 짜기 시작했다. 그 인간을 그대로 둔다는 것으로 나는 다시 노이로제 히스테리에 시달릴 것 같은 상황으로 몰렸기 때문이다. 우선 변호사 친구를 통해서 유도장 계약서를 확실하게 손을 보았다.

그리고 유도를 했다고 빼기는 그 목사를 다시 보는 날에 우리 도장으로 초대를 하기로 여러 준비랑 장치를 해두었다.

여기에 운도 더해서 영상 속 사모랑 전도사가 우울한 표정으로 세무신고를 하러 온 날 나는 반갑게 인사를 하며 그 교회에 점심 먹으러 간 이야기, 맛있더라, 교회 좋더라 등등을 늘어놓으며 최대한 추가 정보도 얻고 친해지려고 노력했다.

그러다 얻어걸린 것은 그 사모가 영상 편집을 전공했다는 것이어서 내가 유도장을 운영하면서 홍보 목적으로 가끔 영상을 찍고 싶은데 전공자가 없어서 고생이다 사례를 많이는 못 드리지만 도와주시면 도장에서 경비처리하면서 얼마 드리겠다고 부탁하며 시장에서 측정된 가격보다 두 배를 불렀다. 그래야 꼴랑 하루 와서 하는 것

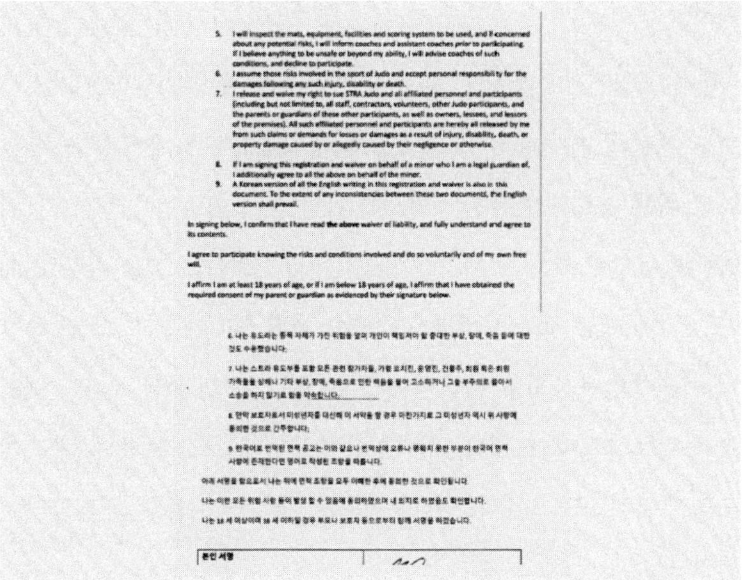

5. I will inspect the mats, equipment, facilities and scoring system to be used, and if concerned about any potential risks, I will inform coaches and assistant coaches *prior to participating*. If I believe anything to be unsafe or beyond my ability, I will advise coaches of such conditions, and decline to participate.
6. I assume those risks involved in the sport of Judo and accept personal responsibility for the damages following any such injury, disability or death.
7. I release and waive my right to sue STRA Judo and all affiliated personnel and participants (including but not limited to, all staff, contractors, volunteers, other Judo participants, and the parents or guardians of these other participants, as well as owners, lessees, and lessors of the premises). All such affiliated personnel and participants are hereby all released by me from such claims or demands for losses or damages as a result of injury, disability, death, or property damage caused by or allegedly caused by their negligence or otherwise.

8. If I am signing this registration and waiver on behalf of a minor who I am a legal guardian of, I additionally agree to all the above on behalf of the minor.
9. A Korean version of all the English writing in this registration and waiver is also in this document. To the extent of any inconsistencies between these two documents, the English version shall prevail.

In signing below, I confirm that I have read **the above** waiver of liability, and fully understand and agree to its contents.

I agree to participate knowing the risks and conditions involved and do so voluntarily and of my own free will.

I affirm I am at least 18 years of age, or if I am below 18 years of age, I affirm that I have obtained the required consent of my parent or guardian as evidenced by their signature below.

이니 도장에 큰 부담은 없지만 가난한 전도사 부부에게는 큰 호의였다. 알겠다고 해서 나는 사모 연락처도 받았고 이젠 목사를 잡을 날만 기다렸다.

부가세 신고 기간이 되었고 스케줄에서 그 목사 예약을 찾게 된다. 시간이 된 것이다. 평소 같으면 그 시간에 맞추어 화장실에 가거나 다른 곳에 숨는데 그날은 달랐다. 일부러 기다렸다는 듯이 나가서 인사드리고 슬쩍 유도 이야기를 꺼내며 눈치를 보니, 꽃을 참 좋아하시는 우리 목사님은, 오늘도 말보로 레드가 비치는 얇은 꽃무늬 남방에 통 넓은 기지바지 차림으로 건들대며 '내가 니들 유도 가르치러 한 번 가야 하는데 말이다'라는 제안을 끌어냈다. 얄팍한 인간 같으니라고. 어찌 인간이 이렇게 수가 뻔하냐 싶고 웃는 얼굴로 '아휴~ 저희가 응당 모셔야죠^^' 하면서 급하게 특별 수업을 만들고 날짜도 잡았다.

꽃을 꺾을 날이 밝았다. 목사가 오고 그날 촬영을 부탁한다며 사모도 불렀다. 세미나 시작 전에 요식 행위로 방문자 모두는 써야 한다고 위에 변호사가 만든 계약서를 목사 앞에 내밀었다. "유도는 위험한 운동이고 부상 시 책임은 본인에게 있다" 이런 것을 아주 길게 쓴 것인데 대충 보는 듯하더니 스스슥 서명하고 던졌다. 그 글 중간에는 중대한 부상으로 영구 장애가 오거나 심지어 사망 시에도 책임은 본인에게 있다는 것도 있는데 신경도 안 쓰셨고 보았다 해도 대수롭지 않게 여겼으리라. 여하튼 서명을 했고 낙장불입, 진퇴양난이 되었다.

내가 굳이 촬영을 빌미로 그 사모까지 초대한 것은 사모가 보는 앞에서, 사모가 손수 찍는 영상 속에 복수를 선물로 넣어주고 싶었기 때문이다. 그리고 다른 많은 회원들은 모두 증인으로 앞으로 일어날 폭력 사태는 수업 일환임을 내 편에서 진술할 사람들이었다. 자, 시작이다. 대략 한 시간 수업을 진행했고 원체 시시껄렁한 인간이라 듣는 다른 회원들 얼굴 표정이 썩었다. 미안했지만 그날 우리 유도부 회원들이 수고가 많았다.

'되셨고요. 자 이제 스파링 시간입니다. 우선 우리 아이들 시합하는 것을 좀 보시면서 부족한 부분 조언을 부탁드립니다.' 하면서 지루했던 아이들이 신나게 싸우는 장면을 눈앞에서 보여주었다. 유도를 조금이라도 한 사람이면 반드시 피가 끓어 오를 것이다. 나는 그걸 노렸다.

'목사님, 저랑 살짝 몸만 푸시죠?' 하고는 한 수 가르쳐 달라며 웃었고 심하게 떨리는 내 손은 감추기 위해서 뒤로 접었다.

'에헴, 그러지 뭐.' 하면서 주변을 살피는 목사는 수업 처음에 그랬듯이 징그러운 표정으로 계속 사모를 보았고 내가 얼마나 젊고 힘이 좋은지 잘 보라는 식으로 찡긋 윙크를 날렸다.

'넌 뒤졌어!' 속으로 외친 후에 나는 살벌하게 변한 표정으로 손매를 걷고 달려들었다. 순간 뭔가 이상함을 느낀 목사 눈동자 떨림이 보였지만 이미 늦었다.

어.. 어.. 하면서 목사는 날 막았지만 강하게 들이밀며 멱살을 잡았다. 나이도 있고 운동을 오래 쉰 골초라고는 하지만 위급한 상황에서는 자기 목숨을 지키려는, 생명 에너지를 태우면서 나오는 힘으로 저항했다. 이것은 스파링에서 마주하는 힘이 아니고 교통사고나 극한 상황에서 사람이 뽑아내는 힘이라는 것을 느꼈다.

목사가 유도를 아주 모르는 사람도 아니니 업어치기하는 내 처음 공격은 막혔고 이제 내게 남은 기회는 한 번뿐이었다. 여기서마저 실패하면 창피함이고 뭐고 어떤 핑계를 대서라도 '이제 그만 하지!' 할 것이 뻔했다.

Ground상황으로 가면 대충 엉키다 말 것도 뻔해서 무조건 메치기 기술로 끝내야 했다. 스포츠 유도로서 한 판을 기다린 것이 아니고 전쟁터에서 갑옷을 입은 상대 장수를 던져서 떨어뜨리며 그 위에 내 체중을 올려서 갈비뼈를 부러뜨리고 그 파편으로 내장을 찌르는 기술을 생각했다.

물론 낙법도 하고 방어 기술도 어렴풋이 기억하는 성인 남자를 그렇게까지 몰고갈 실력은 내게 없었다. 그래도 특기인 밭다리를 걸어서 보기 좋게 넘어뜨렸다. 선수 출신은 아니지만 오래 유도를 한 나로서는 상대 팔을 빼거나 뼈 가동 범위 반대로 올라탈 수 있었다.

목사는 그대로 머리부터 바닥으로 떨어졌고 나는 손을 놓지 않고 그 위에 가속을 더하면서 누르고 있었다. 짧은 순간이지만 목사는 본능으로 머리를 지키려고 오른쪽 팔로 땅을 짚으면서 버텼으나 힘없는 손은 그대로 무너지며 어깨로 자기 체중 + 내 체중 + 가속도까지 받으며 땅을 찍었다. 우지직 어깨뼈가 박살 나는 소리가 도복을 타고 내게도 전해왔다.

데굴데굴 구르며 식은 땀을 한바가지 흘리는 목사를 위로하면서 근처 콩코드 병원 응급실로 갔다. 어깨 복합 골절로 쇠를 심고 3개월 후 그 쇠를 다시 빼야 하는 대수술을 했고 그날 이후 목사는 어깨가 추욱 내려가고 말았다.

이런 양아치들 특징은 한 번 무섭게 혼을 내면 그 다음부터는 상대를 똑바로 응시하지도 못한다. 그리고 지독하게 혼쭐을 낼수록 그 효과는 더욱 좋다는 것을 알기에 아주 박살을 내주었다.

치료비 구실로 돈 이야기를 꺼내서 날 협박도 했는데 카페에서 만

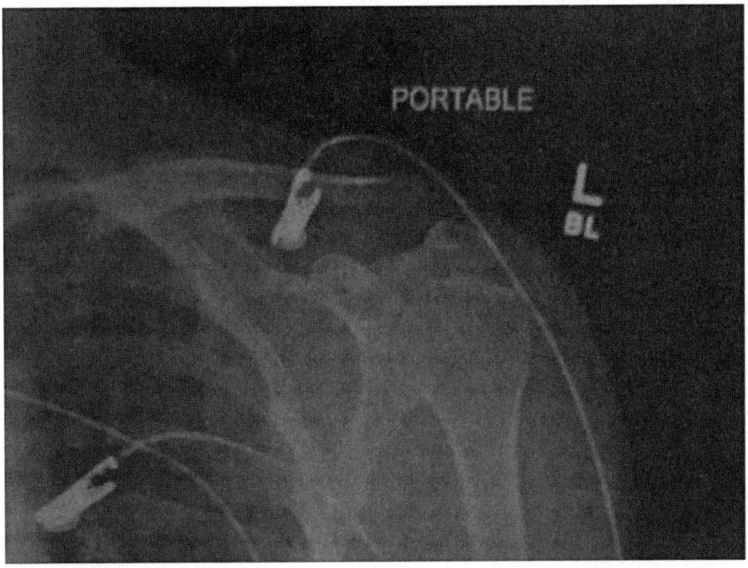

- **이건 박살난 제 어깨, 2016**

나 그가 운동 전에 서명한 서류 복사본을 건네어주면서 이거 기억 못 하시냐? 고소하시던지, 눈 하나 깜빡하지 않자 고개를 푹 숙이고 돌아갔다. 이런 인간들은 유도 힘으로든 행정력으로든 완전히 제압을 해야 끝이 난다.

목사가 박살 나는 순간 나는 목사보다 사모를 먼저 보았다. 너무도 놀라서 입을 막고 눈이 동그랗게 되는 그 표정을 아직도 잊을 수가 없다.

그날 이후 목사가 회계사를 바꾸면서 그들도 다른 회계사로 바꾸었기에 나는 그 후로 그들 관계가 어떻게 마무리되었는지는 알 수 없고 한편으로는 알고 싶지도 않았다. 그 사모를 향한 내 감정은 복잡하며 더한 이야기도 있을 수 있지만 그 이야기를 길게 하는 것은 전혀 올바른 일은 아닌 듯해서 글은 이것으로 접겠다.

> 글을 열며 소개해 드렸던 문감독이라는 친구가 준 서평으로 마무리 하겠습니다.
>
> 낯선 정보, 캐릭터, 플롯 등 극 요소가 많이 들어가 있네. <검은 집>은 작가가 보험 설계원 출신이라 보험 관련 전문 내용이 소설 전반에 잘 들어가 있거든. 자기 분야를 기반으로 하면 그런 장점이 있더라 (중략) 네 글에서도 시작 부분에 호주 회계사만 알 수 있는 낯선 정보가 잘 녹아있어서 호기심을 확 끌고 있어. 이왕이면 목사 어깨가 아니라, '원흉'이 다쳐서 불구가 되었다면 더 통쾌한 엔딩이었겠어.

모두들 사랑하며

시드니에서

가난한 내가
아름다운 나타샤를 사랑해서
오늘밤은 푹푹 눈이 나린다
나타샤를 사랑은 하고
눈은 푹푹 날리고
나는 혼자 쓸쓸히 앉어 소주를 마신다
소주를 마시며 생각한다
나타샤와 나는
눈이 푹푹 쌓이는 밤 흰 당나귀 타고
산골로 가자 출출이 우는 깊은 산골로 가 마가리에 살자
눈은 푹푹 나리고
나는 나타샤를 생각하고
나타샤가 아니 올 리 없다
언제 벌써 내 속에 고조곤히 와 이야기한다
산골로 가는 것은 세상한테 지는 것이 아니다
세상 같은 건 더러워 버리는 것이다
눈은 푹푹 나리고

아름다운 나타샤는 나를 사랑하고

어데서 흰 당나귀도 오늘밤이 좋아서 응앙응앙 울을 것이다

- 나와 나타샤와 흰 당나귀, 백석, 1938

오늘도 도끼맞은 너에게!

사랑이라는 착각

오늘도 도끼맞은 너에게!

8 날 사랑한 멜빵바지

• 인생 강력 돌파하는 방법

프로이트 저작을 읽는다는 것은 쉽지 않은 일입니다. 우선 양이 많은 데다 100년 전 오스트리아에 살면서 독어를 쓰던 천재 정신과의사가 정신분석이라는 주제를 처음으로 연구를 하며 쓴 글이니 당연합니다. 더구나 일부 오역도 일조하여 고난에 고난을 더합니다.

최근 정신분석가 염선욱 선생 도움으로 끝이 있는 분석이랑 끝이 없는 분석(Die endliche und die unendliche Analyse)(1937)을 읽고 있습니다. 다는 이해하지 못했지만 큰 도움이 되어 중간중간 빛나는 문장이 몇 줄 보이기 시작합니다. 이럴 때마다 여러분들이랑 나누고 싶어 지고요.

제가 이해한 수준에서 정리하여 드리는 김에, 읽기 지루하지 않으시게 서사를 넣고 연애라는 시럽까지 듬뿍 올려봅니다. 이 글을 통해 분석 이론에 흥미가 생기신 분들은 원저작을 통해서 확인해 보시면 좋겠습니다. 제 글이 정신분석이라는 샘물을 끌어올리는 마중물로 쓰일 수만 있어도 행복하겠습니다.

정신분석을 공부하지 않은 분이라도 어린 시절 상처나 억압받은 경험은 무의식에 남아 내 일생에 그림자처럼 달라붙는 것을 아실겁니다. 이런 억압은 '방어 기제'라고 해서 안나 프로이트가 주로 연구한 것으로 알려져 있고요. 우리는 많은 욕구 욕동을 가지고 있지만 문명 속에 살아야 하기에 모두 표출할 수도 만족시킬 수도 없습니다. 그럼 가장 쉬운 '억압'이라는 기제로 그런 욕구들을 억제해 버립니다.

억압은 결코 해소가 아닙니다. 잠시 미루는 것이라 욕구는 어디 가지 못하고 우리 무의식에 켜켜이 쌓이게 됩니다. 또 하나 우리 자아는 불쾌나 불안감을 견딜 수 없습니다. 결국 이것은 발산되어야 하는데 의식이 이런 무의식 속 욕

• Five Dock, 2023

구를 현실로 올라오지 못하게 검열하고 있으니 이를 피해서 다양한 기형으로 돌려 표출됩니다. 신경증이나 히스테리가 그것이고요. 더 흔한 예로는 꿈이 있습니다.

억압 말고도 실제 원인은 무시하고 그럴듯하게 핑계를 대는 합리화; 불쾌하거나 거북한 느낌을 재미있게 바꿔서 표현하는 유머; 감성은 버리고 이성만 따지는 지식화(혹은 주지화); 동일시 등 그 종류는 실로 다양하죠. 방어 기제를 증상이나 이름 순으로 나열해서 정리할까 했지만, 방어 기제가 무엇이고 우리에게 어떤 영향을 주는지만 빨리 보고 이 글을 시작하겠습니다.

어른이 되어가면서 우리는 누구나 한두 가지 방어 기제를 기호에 맞춰 사용하게 됩니다. 각자 다른 취향이 있으니 모든 방어 기제를 다 쓰는 사람은 있을 수 없지요. 이런 과정은 문명에 적응할 자아를 만드는데 꼭 필요한 것이기도 합니다. 정신분석에서 늘 지적하지만, 여기서도 문제는 질보다 양입니다.

자아가 발전하면서 '선택 사용' 해온 방어 기제는 너무 오랜 시간 나랑 같이 살게 됩니다. 그리하여 이것은 자아에 고착되고 결국 그 사람 행동 양식이 되어 평생 동안 나타납니다. 같은 실수를 반복하고 특정 상황에선 자신도 이해 못할 급발진을 자주 마주합니다. 기제가 성격이 된 것입니다. 역으로 생각해 저 사람 특이한 성격을 거슬러 올라가다 보면 자아에 딱 달라붙어 있는 방어 기제 하나를 마주할 수 있겠습니다.

자아가 미숙한 시절에 날 위협하던 상황은 이제 없음에도 방어 기제는 더욱 막대한 양으로 자아를 지키려 합니다. 그러나 위험 상황이 보이지 않으면 어처구니없게도 그런 상황을 찾아 나섭니다. 약을 먹으려고 병을 키운다는 미친 소리인데, 병이 없으면 약도 존재 가치가 없다는 것을 아는 '방어기제'는 살아남을 정당성을 확보하려고, 연가시처럼 날 조정해서 위험한 웅덩이에 밀어 넣고는 다시 구해주며 기뻐합니다.

자아를 지키려고 도입한 기제가 이제는 자아를 더 병들게 합니다.

이렇게 고착된 기제는 반복을 거쳐 <성격>이 되고 나아가 우리 인생을 결정짓는 <운명>이 됩니다. 항상 반복되는 지겨운 운명에서 벗어나기 위해 일부는 선지자가 주고 간 경전을 읽거나 혹자는 고독한 수행을 하면서 마음속을 보려 노력합니다. 하지만 중이 지 머리 깎지 못하다고 스스로는 스스로를 구원하거나 분석하고 치료할 수가 없습니다.

방어 기제 하나하나 이름을 숙지하고 증상을 분류하는 것도 매력 있지만 이런 큰 그림에서 접근하지 못하면 그냥 혈액형별 성격이나 MBTI 성향을 외우는 것이랑 별반 다를 것이 없는 헛노력입니다. 정신분석에서는 억압된 것을 무의식에서 찾아 의식으로 끌어올려 직시하게 함으로서 치료에 이르게 합니다. 이론 설명이 너무 길었습니다. 글 시작하겠습니다. 스스로를 억압에서 구원하지 못하는 이야기입니다.

막 제대하고 호주에서 유학 생활을 하면서 다양한 알바를 했다. 식당에서 허드렛일을 하거나 사람이 급하게 필요한 일용직 청소 혹은 지인 세차장 땜빵 등이다. 이렇다 할 기술도 없고 영어도 못하니 그런 일밖에 할 수가 없었다.

그런 것들은 일당이 좋긴 한데 차가 있어야 하거나 고정된 수입원이 아니라, 결국은 시급이 약하더라도 대중교통으로 닿을 수 있고 일정하게 매주 불러 주는 빵가게 알바를 오래 했다. 그러다 그 사람을 만나게 된다.

• Five Dock, 2023

이민자 삶은 주로 교회를 중심으로 돌아가기에 이곳에서 오래 생활하신 사장님들은 교회에서 집사나 장로 같은 직분이 있고 또 그런 것이 있어야 사업하고 생활하는 데 편했다. 즉 이민자들에게 신앙생활은 또 다른 사업장소였고 취미이자 사람을 만나는 사교 무대이다. 그러니 우리 유학생들은 사장님들이 교회를 가는 일요일, 그들 말로 주일에, 더욱 일이 많았다.

쇼핑센터에 상주한 가게들은 주일에도 열어야 했기에, 사장님을 대신해서 우리는 고정된 알바 시간을 확보한 것이라, 나 같은 무신론자들도 다른 이유로 신에게 감사했다. 단지 평일에는 공부하고 주말에는 꼼짝없이 일을 해야 하는 스케줄로 20대를 다 보내는 세월이 야속할 뿐이었다.

주변에 풍족한 친구들은 차도 있고 알바도 하지 않았지만 철이든 나이라 그런지 주눅이 들거나 부럽지는 않고 단지 여유가 없으니 매번 여학생들에게 선택받지 못하는 것 정도만 기분이 나빴다.

우울한 이야기는 충분히 됐고, 이젠 그 사람 이야기를 하련다.

어느 주일 아침 역시 알바를 가는 날이다. 역에 내려 쇼핑센터 쪽으로 설렁설렁 걸어가는데 몇 미터 앞에 한국 여자로 보이는 키 큰 여성이 멜빵바지를 입고 시원하게 쭉쭉 걸어간다. 2000년 초였는데 그 당시 유명 여가수 누구랑 비슷하게 훤칠한 미인이었다.

이때부터 갑자기 잠이 확! 깨면서 바짝 그 사람을 좇는다. 분명 이 시간에 여기서 내린 것으로 보아 같은 쇼핑센터에서 일하는 유학생일 것이다. 그리고 그가 눈치채지 못하게 거리를 유지하면서 뒤를 밟았다. 마침 조금 일찍 도착한 길이라 출근까지는 10분 정도는 여유가 있고 가게 열쇠도 내게 있는 주일이다.

그렇게 멜빵바지를 따라가니 센터 2층 여자 옷가게 쪽으로 들어간다. 우리 빵가게보다 큰 매장인데 역시 멜빵바지도 문을 열고 매장 불을 켜고 혼자 영업 준비를 하는 모습이 나랑 비슷한 처지였다. 멀리서 그렇게 티 나지 않게 지켜만 보고는 부리나케 웃는 얼굴로 우리 가게로 달렸다.

웃기는 것이 그 옷가게가 우리 빵가게보다 훨씬 크니 거기서 이상하게 주눅이 들었다. 어차피 서로 알바생인데 그게 뭐가 문제인지는 모르겠지만 나는 또 그런 설명 못할 이유로 그 여자 앞에서 작아졌고 아무 말도 하지 못하게 설정되어 버렸다. 그날 오후, 가끔 오시는

• 빵가게, 2001

한인 여사장님이 빵이랑 커피를 사러 또 오셨다.

"학생 열심히 일하네^^ 유학생이지? 무슨 공부해?"

"회계 공부합니다."

오시면 커피를 만들어 드리는 와중에 이렇게 먼저 자상한 말씀도 해주시고 내게는 늘 좋은 느낌으로 각인된 분이었다. 얼른 커피 뽑아 드리고 빵을 만드느라 손이 바쁜데 뒤에서 젊은 여자 목소리가 하나 더 들린다.

"엄마, 먼저 갈게. 나 진짜 늦었어!"

"얘, 이거 먹고 가!"

순간 느낌이 와서 확 뒤돌아 보니 역시나, 멜빵바지다. 권상아 그 여사님 딸인데 가끔 직원이 없으면 이렇게 나와서 일을 봐주는 듯했다. 특히 부모님이 교회를 가는 주일 아침에 펑크가 나면 상아가 아침에 와서 가게를 열고 일을 봐주고는 교회 마치고 온 엄마랑 교대했다.

자세히 보니 여신처럼 키가 크고 피부가 눈처럼 하얀 것이 혼혈인가 싶을 정도로 호주 여자랑 비슷했다. 상아는 이민법상 시민으로 체류자인 나랑은 천지 차이고, 경제학 관점에서 보아도 자본가랑 노동자로 계급도 아예 달랐다. 무엇보다 영어를 모국어로 쓰면서 한국말도 잘하니 개인 역량에서도 두 배 넘게 차이가 났다.

왕후장상 씨가 따로 없다지만 비슷한 나이에 빵돌이 하는 유학생으로 감히 들이댈 상대는 아니라는 것을 의식에서는 알았다. 아래에서 올라오는 령(靈)에게도 이런 비자 상황들을 설명하며 억압해 보았지만 듣지 않았고 심각한 갈등이랑 불안이 생기기 시작했다. 언제 그놈이 내 말을 듣던가?

내가 일하던 그곳은 유명한 우범지대로 조직끼리 싸우다 사람까지 죽이는 일도 흔하게 일어났다. 기차역 앞 낭자한 피자욱이랑 경찰 저지선 그리고 죽은 십대 조직원 친구들이 그를 위해 쌓아 놓은 꽃다발 등은 아직도 기억에 선하다.

그도 그럴 것이 그곳은 기차역을 기점으로 앞은 레바논 건달들 구역이고 뒤쪽은 월남갱들 구역으로 백상어랑 살인 고래가 각자 영역을 순찰하며 가끔 겹치기도 하는 어장이었다. 사실 둘 다 호주에서 태어난 호주 사람들이지만 이상하게 그들은 철저하게 혈통으로 분리되어 서로 간에 섞이지 못했다.

• Bankstown station, 2001

평소 넉살이 좋으신 우리 사장님은 카투사 출신답게 놀라운 영어 언변으로 주변 레바논 건달들이나 월남갱들 모두랑 친하게 지냈다. 레바논 건달들이 가끔 가게에 와서 심각한 얼굴로 커피를 마시며 마약 거래라도 하는 듯한 분위기를 만들면 어느새 끼어들어 영어로 그들을 빵빵 터트렸다.

덕분에 나도 양쪽 모두하고 좋게 지냈고 사장님은 내가 태권도를 했다는 것을 그들에게 자랑삼아 이야기했다. 그리고 내 무용담을 나보다 더 맛깔나게 그들에게 늘어놓곤 했는데 가끔 쇼핑센터에 사람이 많은 시간에는 센터 중간 넓은 휴식터에서 나더러 발차기랑 격파 등등을 시켰다. 그럼 나는 신이 나서 사장님이 들고 있는 종이컵이나 접시를 점프해서 돌려 차고 회축으로 후리는 묘기를 했다.

동양 무술에 관심 많고 늘 건들대는 취미가 있는 레바논 건달이나 월남갱들은 이럴 때는 하나가 되어서 손뼉 치며 좋아했고 서로 자신

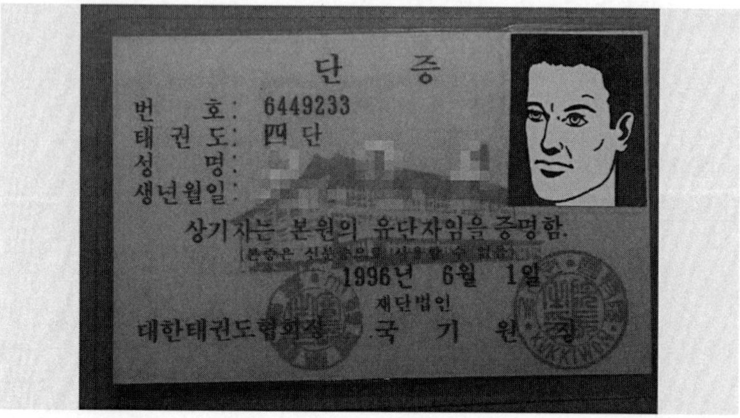

• 태권도 4단증

들이 저 알바생이랑 친하다고 빼기곤 했다. 그렇게 해서 나는 쇼핑센터에서 이상하게 명물이 됐다. 공군 태권도부에서 시합 나가려고 훈련했던 것이 호주에 와서 이렇게 쓰일 줄은 정말 몰랐다.

그러다 하루는 또 두 조직 간에 싸움이 났다. 고딩 애들끼리 시비가 붙어서 생긴 싸움인데 이게 커지면서 어른 조직원들도 들어왔다. 문제는 애들이 패싸움하면서 의자를 집어던지고 주변 상가 기물을 때려 부수었는데 상아네 옷가게도 피해를 봤다.

사람들이 소란스럽길래 사장님하고 달려가보니 역시 싸움판이 크게 벌어졌다. 아무래도 덩치가 작은 월남갱 애들이 궁지에 몰려서 얻어맞는 상황으로 상아네 가게 앞에 진열해 놓은 옷 거치대를 뽑아서 휘두르고 난리가 아니었다.

이때 놀랍게도 상아 아버지가 그 싸움판에 뛰어든다. 옷들이랑 가게를 지키겠다는 것인데 이런 아사리판 조폭 싸움에 그럴 용기를 낸다는 것으로 저분이 지금까지 얼마나 치열하게 이민자로서 살아왔는지 알 수 있었다.

갑자기 난입한 한국 아저씨 육탄전에 양쪽 양아치들은 눈이 휘둥그레졌고 바로 달려온 쇼핑센터 가드들이 말리며 나서자 놈들은 해산했다. 문제는 그 와중에 아저씨는 누군가 휘두르는 것에 맞아서 얼굴에 멍이 들고 상아랑 다른 여직원들은 혼비백산으로 가게에 숨어서 떠는 모습이 보였다.

애매한 한국 아저씨가 이런 조폭 싸움에 참전한 것은 말리고 싶었던 오지랖 넓었던 사장님 모습을 나도 따라하고 싶었다. 사장님은 평소 친했던 양쪽 건달들을 오다가다 보면 그 한국 아저씨는 재산을 지키려는 의도뿐이라고 대신 설명했고 평소 한인들하고는 원한 관계가 없던 터라 양쪽 진영에서도 그 일은 더 이상 키우지 않고 넘어갔다.

그리고 나는 슬슬 그 구실로 상아네 가게를 더 자주 기웃거린다. 혹시 상아가 혼자 있거나 한 날에는 슬쩍 들어가 농담하며 긴장도 풀어주고 '개들 별거 아니다, 내가 다~ 아는 친구들이다' 허풍도 떨면서 점수를 땄다. 상아는 그런 내 노력이 그래도 가상하게 보였는지 슬슬 내게 웃음을 지어주었다.

하지만 이게 과연 될 일인가?

지금까지 의식에서 꾹꾹 눌렀던 상아를 향한 내 마음, 애절함, 성

• Bankstown Square

욕 등이 이 핑계로 마구 피어올랐다. 이것은 약자를 보호하는 행동이라는 무의식이 만든 거짓말에 의식도 속아주기로 해 지금까지 억제한 노력은 수포로 돌아간다.

글도 모르는 무지렁이 조선시대 노비도 자기 분수를 아는데 다음 주라도 비자 취소되면 떠나야 하는 한인 노동자가 영어를 쓰는 자본가를 무슨 수로 사랑한다는 말인가? 이런 조건이면 원빈이 와도 쉽지 않을 판이다.

한 번은 월남갱 녀석이 지 여친 사준다고 옷을 고르러 상아네 가게에 왔는데 마침 날 좋아하는 친구라서 상아 앞에서 "Master!" 하며 내게 90도로 인사를 했다. 이렇게 그 녀석이랑 웃고 이야기하자 옆에서 그걸 재미있게 본 상아는 오늘 알바 마치고 같이 저녁을 먹자고 했다. 그동안 고마운 것도 있고 해서 저녁을 사주고 싶다는데 거절할 이유가 없었다. 그래서 우리는 근처 월남 식당에서 저녁을 같이 먹는다.

월남국수를 시키고 내 앞에 앉아 있는 상아를 보니 이게 꿈인지 생신지 기적이 일어난 듯했다. 그날따라 내 컨디션이랑 개그감은 절정에 다달했고 유학 와서 지금껏 참았던 모든 에너지가 폭발하며 디너쇼를 하니 상아는 거의 자지러지게 웃으며 한 시간 넘게 정신을 차리지 못했다. 평소에도 이렇게 글을 쓰며 단련된 내 말빨은 그날따라 매불쇼 최욱도 울고 갈 수준이었다.

내 엑셀 사부 말씀으로는 여자가 진심으로 (사부 표현으론 오줌 지릴 정도로) 허리가 접혀 웃게 되면 게임은 거의 끝난 것이라고 했고, 한 번 열린 상아 마음이랑 웃음보는 그 후로 내가 숨만 쉬어도 빵빵 터져 흘렀다.

세상이 이렇게 내 맘처럼 계속 태클없이 가면야 다 삼성전자 회장 되고 현대 자동차 세우겠지. 상아랑 이렇게 친해지는 상황이 되자 가장 불편해하는 사람은 옷가게 여사장님, 상아 어머니였다. 소중한 딸이 건달도 못 되는 극빈층 노동자랑 어울리는 모습에 어느 부모가 반길까? 나라도 싫겠다. 그리고 어느 날 어머님이 우리 가게에 혼자 오셨다. 마침 우리 사장님도 없는 조용한 주일이라 우리는 둘만 마주했다.

> "자네, 공부 열심히 해야지? 갈길도 멀고. 앞으로 영주권 받고 CPA 끝날 때까지는 나에게 인사도 하지 말고 상아 근처에 오지 않았으면 좋겠어."

• **스트라, 2023**

너무나 지당하신 말씀이라 나는 중대 죄인처럼 고개를 푹 숙이고 '네…. 네…' 할 뿐이었다. 평소 그렇게 자상하던 분이 얼마나 속이 상하셨고 큰 용기 내어 오셨을까 생각해 보니 더욱 죄송해서 쥐구멍이라도 들어가고 싶었다.

한편으론 서운하기도 했다. 아무리 그렇다고 사람 앞에서 어찌 이렇게 이야기하는가? 하지만 이에 대한 대답도 금방 찾을 수 있다. 상아네가 아무리 범법을 저지른다 해도 시민권은 취소될 일이 없지만 나는 여차하면 취소될 비자이니 하고 싶은 말은 다해도 언제 사라질 놈 앞에서 뭐가 켕기랴? 이것뿐인가, 상아네가 아무리 파산 지경에 몰린다고 해도 상아 머릿속 영어 능력은 파산될 수 없다. 반대로 그 아무리 노력해도 영어가 모국어가 될 리 만무한 나를 대함에 거리낌 없이 하대하는 것은 그저 당연하고 좋은 일이다.

돈 없는 유학생 신분이 얼마나 큰 죄인지 명확하게 배운 날이었다.

퇴근을 하고 가게를 나와서 기차 타고 어떻게 집으로 왔는지 모르겠다. 오는 내내 눈물이 폭포수처럼 쏟아지니 지나가는 역무원도 괜찮냐고 물어보았다. 모르는 호주 사람이 보면 역 앞에서 얼마 전에 총 맞아 죽은 월남갱 형으로 알았을 것이다.

그 후로 나는 상아를 향한 애틋한 감정이나 성욕 따위가 깡그리 망가져 버렸다. 그러니 이젠 딱히 억제하지 않아도 된 것이다. 상아 어머님이 내게 보여 주신 외부 세계 공포는 자잘한 내 모든 욕망을 다시는 올라오기 힘든 지하로 보내 버렸고 상아를 통해서 쾌락을 얻으려던 내 무의식도 몹시 불쾌해하면서 어디론가 떠나 버렸다. 결국 내 자아도 변하기 시작했다.

갑자기 내 유학생 삶에 큰 불안이 느껴졌다. 그리고 내 방어기제는 성욕을 억제하기보다는 시드니에서 쫓겨나지 않고 살아야 한다는 것으로 선회해 '억압'말고 다른 것으로 진화한다.

새롭게 탄생한 내 방어기제는 글 처음에 말한 항목에서 어떤 것이랑 맞을지는 확실치 않으니 어떻게 이름을 지어야 할지도 모르겠다. 하지만 그런 분류는 이제 의미가 없었다.

새 방어기제는 날이 갈수록 강화되면서 나를 외부 위험으로부터 구했고 다른 모든 것은 부정하며 저항하고 오로지 한 가지 목표만 향해 나가게 된다. 상아 어머님이 강제로 심어 주신 목표, 영주권이랑 CPA. 이렇게 의식이랑 무의식이 하나로 통일되어 특정 목표를

• **시민권 받던 날**

추구하니 사람이 하는 일 중에서는 이루지 못할 것이 없어, 졸업하며 시민권을 받고 CPA 합격까지, 20대를 지나 30대 중반까지, 나는 한 번에 강력 돌파한다.

그리고 그것은 내 성격이 되고, 운명으로 내 안에 고착된 神이 되었다.

모두들 사랑하며

시드니에서

• Wollongong, 2019

사랑이라는 착각

오늘도 도끼맞은 너에게!

9 날 사랑한 법대생

• 나르시시즘을 벗어나는 방법

프로이트 선생님도 포기한 부류가 있습니다. 바로 나르시시즘 성향 환자들인데요. 그들이 사악한 구제불능이라기보다는 정신분석 치료를 통해서 증상이 개선되기 힘들다는 표현이 맞겠습니다. 프로이트 선생님은 나르시시즘을 어떻게 규정하셨기에 그런지 보겠습니다. 1917년 논문 <정신분석치료의 난점>을 주로 참고하였습니다.

인간은 다양한 욕구가 있습니다. 식욕, 색욕, 수면욕을 시작으로 권력을 향한 욕구, 명예욕 등 다양하죠. 정신분석에서 색욕은 여타 욕구랑 다르게 취급합니다. 왜냐면 다른 욕구들은 나를 보존하고 지키는 <자아 욕구>인 반면 성욕은 개체 번식을 목적으로 하면서 나를 파괴하는 상황까지 불사하니 <자아 욕구>랑 충돌되는 경우도 있기 때문입니다.

공부 안 하면 뻔히 골로 가는 것을 알지만 나이트클럽으로 발길을 향하며 불안해하는 우리 갈등을 봅시다. 나 자신이 파멸한다는 것을 <의식>에서는 인지하지만 아래에서 올라오는 령(靈)을 이긴다는 것은 여간 어려운 일이 아닙니다. 이렇게 성욕을 뺀 나머지 <욕구>랑 성욕/색욕이 싸우면서 발생하는 <갈등>은 <신경증>을 탄생시키고 억눌린 색욕은 사라지지 못하고 의식 검열을 피해서 뒤틀어진 형태로 <대리 만족>을 얻기 위해 <증상>을 만들어 냅니다.

꼭 성욕에 집착할 필요는 없이 신경증 증상이란 다양한데요. 가령, 증오심을 감추기 위해 과도한 애정 표현을 하는 것; 실패한 야망 때문에 광장공포가 오는 경우; 사람들

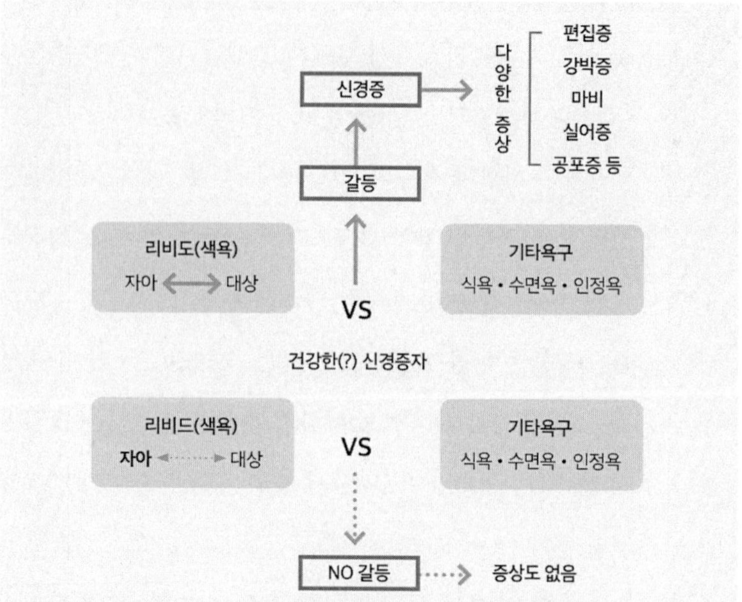

나르시시즘 - 리비도랑 욕구 간에 갈등이 별로 없기에 신경증 없음.

비난에 대항하다 생긴 강박행동들이 있습니다(정신분석치료의 미래 기회들, 1910, 프로이트). 결국 신경증에서 보이는 다양한 증상이란 현실에서 표현할 수 없는 위험한 욕망을 완곡하게 에둘러 표현한 것입니다.

다시 색욕으로 와서, 이런 색욕을 만드는 힘을 정신분석에서 리비도라고 하며 신생아들은 아직 외부 세계 경험이 없으니 이 리비도가 자신(자아)을 사랑하는 것으로 시작하여 커감에 따라 외부 세계 대상을 찾아 발전, 이동합니다.

만약 이 과정에서 오류가 생겨 리비도가 대상으로 가지 못하고 자아에 남거나 고착되면 '나르시시즘'이라는 증상이 됩니다.

건강한 사람이라면 <자아>랑 <대상>에 리비도가 서로 교류합니다. 반면 리비도가 자신에게만 집중한 사람은 '나

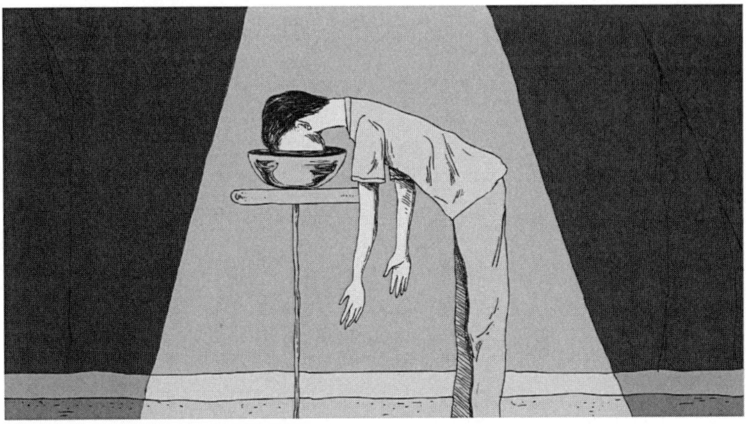

• **나르시시즘: 스스로 지나치게 뛰어나다고 믿으며 자신을 사랑하는 자뻑.**

르시시즘' 성향을 가지게 되어 위에서 이야기한 건강한 신경증자로 발달을 하지 못하여 신경증도 얻지 못하니 증상도 없어서, 신경증 치료를 위해 고안된 <정신분석>을 적용할 수 없게 됩니다.

신경증이 없으면 좋은 것 아닌가? 아닙니다. 우리 신경증자들이 만든 세상에선 기타 정신병은 모두 배척당합니다. 눈이 하나인 나라에서 두 눈은 기형인 이치입니다. 옳고 그름 문제가 아니고 역시 경제학 논리로 많고 적음, 주류 비주류를 따져야 합니다.

나르시시즘에 대해 더 보겠습니다. 원시인이나 유아들은 강력한 자아에 집착하기에 나르시시즘을 보이는데요. 이로 인해 그들은 외부세계에서 일어나는 사건들을 '운명'이라고 생각하거나 마법을 통해 바꾸려고 합니다. 원시 단계를 벗어났다는 우리도 너무 답답하고 중요한 판단을 내려야 하는 시점에서는 믿지도 않는 신에게 갑자기 기도를 하거나 징크스를 만들어서 피해보려는 노력을 하곤 합니다. 결국은 나르시시즘 선상에서 설명하고 이해도 가능합니다.

내가 오늘 아침에 무얼 먹는지, 안 먹는지; 어떤 색 옷을 입는지, 안 입는지에 따라 우주 질서랑 구조가 바뀌면서, 낮에 있을 시험이나 경기가 나에게 유리하거나 불리하게 편성

된다는 믿음이야말로 얼마나 지독한 나르시시즘인가요!

이것은 개인사뿐 아니라 인류사를 통해서도 볼 수 있습니다. 먼저 우리가 사는 지구가 우주에 중심이라고 생각하는 것도 지구가 만드는 원심력을 느끼지 못하는 상황에서 비롯된 나르시시즘이고요. 문명 발달을 통해 자연을 지배하게 되자 인간에게만 이성이 있고, 나아가 동물이랑 다르게 영원히 없어지지 않는 '넋'이란 것도 신에게 부여받았다고 믿으며 다른 모든 생태계를 닥치는 대로 죽이고 파괴하면서 죄책감을 느끼지 않는 인간 행동 역시 나르시시즘에서 나왔습니다.

웃기는 것은 초기 종교인 토테미즘은 모두 동물을 섬겼으며 대부분 신화에서 신들은 동물 형상을 하거나 짐승 대가리를 하고 있으니 초기에 우리는 동물을 신으로 섬겼습니다. 지금도 동화에서는 동물이 사람처럼 말을 하거나 신비한 능력을 보이는 것도 이상하게 생각하지 않습니다. 하지만 어른이 되는 시점부터는 동물이랑 자신을 분리해서 동물 이름을 가지고 욕도 시작합니다. 그렇다면 아이가 동화에서 나오는 시점을 동물 욕을 하는 지점으로 보겠습니다.

찰스 형님이 인간은 동물에서 진화한 것이며 우리가 이룬 업적이 크다고 해서 신체구조나 정신에 남아 있는 동물로서 기질까지 부인할 수는 없다고 하셨는데요. 우리는 종종 교만하여 그것을 잊고 동물이 아닌 인간으로 뻐기며 살기 원합니다. 이것이 우리 인류가 보이는 '인간 나르시시즘'으로 생물학에서 보아도 질병입니다.

남 이야기할 필요 없습니다. 특정 대상이 날 사랑했다고 착각해서 이렇게 매번 글을 쓰는 저야말로 지독한 나르시시즘 환자이고 여기 모인 제 글들은 모두 황당한 증상들 모음집입니다. 여기까지 논문을 읽고 정리하다 보니 제 안에 글 근육들이 다시 꿈틀거립니다. 교만, 짐승, 성욕, 신경증, 욕, 갈등, 자뻑, 착각 너무도 훌륭한 소재들이 자극합니다. 바로 글이 하나 나옵니다. 시작합니다.

없는 살림에 호주로 유학을 왔으니 내 유학생활은 늘 쪼들렸다. 거기에 더해 대학 첫 학기, 네 과목 중에 두 과목을 낙제한 후 내 삶

• **UWS, 철길 다리**

은 생지옥으로 변했다.

아버지가 사업에 실패하고 태종대까지 내려가서 절벽 아래를 보며 슬픈 생각을 했다고 하셨는데 첫 성적표를 받은 나는 멀리 갈 능력도 없어 학교 뒤 철길 다리 위에서 강을 내려다보고 들어온 밤이 있다.

더 이상 낙제를 하면서 등록금을 소진할 여유가 없었다. 다시 공부 스케줄을 짜고 전략을 변경해야 했다. 막무가내로 책을 읽지 말라고 당부했던 공부 천재 승호 형 조언이 그때서야 귀에 들렸다.

호주는 한 학기 13주로 13강을 마치는 형식이다. 첫 주, 첫 강의는 교제를 설명하고 1년 공부할 강의 계획서 syllabus를 받는 날인데 대부분 학생들은 이 첫날을 무시하고 놀러 가기 일쑤였다.

하지만 죽기 살기로 호주 대학 과정을 연구하다 보니 첫날 그 계

• 책상 앞으로 날 유인하기 위해 벽에 설치한 것

획서가 가장 중요했다. 그 안에는 앞으로 시험에 나올 부분, 메인 과제 설계도 등이 모두 녹아 있는 것을 발견한다. 그리고 나는 강의 첫날부터 시험이 끝나는 날까지 매일, 매주 그 목표치를 통과해 냈고 나중에는 이런 경험을 토대로 힘들어하는 한국 유학생들을 돕는 학생 of 학생이 된다.

시간이 남아서 도왔다기보다는 나이 많은 유학생들이 흘리는 눈물을 그냥 지나치기가 힘들었기 때문이다. 억울하게 차별받은 누나들을 위해서는 호주 교직원이랑 싸우기도 하고 한국 학생들을 모아서 우리 힘을 키우려 유학생회 활동도 했지만 인도나 중국 학생들에 비해 한국 학생들은 모이는 것을 별로 즐기지 않아 힘들었다. 이런 성격이다 보니 나는 학교에 대부분 한인들이랑 접점을 가진 유일한 사람이었다.

"내가 학교에서 아는 한인은 너 하나야."

• **UWS, Boilerhouse, 소각장**

매번 듣는 말이다. 왜 그러냐고 물으면, 다른 사람들 입에 자신이 오르내리는 것이 싫다고들 했다. 몰래 무슨 짓을 하고 다니기에 그러는가 싶고, 내가 볼 땐 그럴 배짱도 능력도 없는 위인들이 오지게 지루하고 더럽게 재미없는 삶을 살면서 소문날 걱정만 먼저 하신다. 제발 당신이 소문날 정도로 유명한 사람이면 난 좋겠다.

이렇게 혼자 다니는 것을 무슨 독립운동이라도 하는 것처럼 자랑하다가도 억울하거나 불편한 일이 생기면 사람들은 항상 날 찾았다. 학교에서 한인은 소수는 아니지만 늘 이렇게 뭉치지 못해서 소수보다 못한 대우를 받았다.

공부하느라 정신은 없지만 일주일 내내 도서관에 살던 나는 사람들이 오다가다 찾는 대상이었다. 그러니 누구보다 정보도 빨랐고 오지랖도 넓었다. 중국 유학생회에서 같이 일하자고 찾아오기까지 했으니 말이다.

천재 학생은 아니지만 첫 학기 이후는 학교에서 원하는 수준을 늘 상회하는 공부를 했고, 마약을 하거나 딱히 말썽을 일으키지 않으니 유학생활에 자신감이 생겼다. 그렇다고 불안이 없던 것은 아니다.

그런 불안은 나로 하여금 신을 찾게 하고 몇 가지 징크스를 만들게도 했다. 매일 운동을 해야 마음이 편했고, 새벽에 일어나 양치를 해야 다시 잠이 오는 강박 따위다. 그런 행동에 원인은 정신분석을 통해보면 나오겠지만 이때는 회계 공부 말고는 다른 곳에는 관심을 둘 처지가 못되어서 그런 증상이랑 함께 살았다.

여자는 좋은 경험을 통해서 오랜 시간 숙련이 되어야 몸이 깨어나지만, 남자는 섹스 경험이 일천해도 자위를 통해서 거의 비슷한 쾌감을 누리기에 태생이 색욕에 굶주릴 수밖에 없다. 더구나 군대까지 다녀온 나이라서 열 시간 공부한다면 다섯 시간은 색욕을 누르며 앉아 있는 노력이다. 그러다 여학생을 하나 알게 된다.

나소천

교민 사회에서 유명한 변호사님 딸인데 역시 법대를 다니고 있더라. 도서관 회의실에서 외국인 학생들하고 그룹 미팅 같은 것을 종종 하는 것을 보았는데 누가 봐도 하얀 얼굴에 호리호리한 한국 여자라 더욱 눈길이 갔다. 하루는 회사법 공부를 하다가 마침 물어볼 건덕지가 나오기에 초면임에도 씩씩하게 갔다.

"법대 다니시죠? 제가 유학생이라 여러 가지로 모르는 것이 많

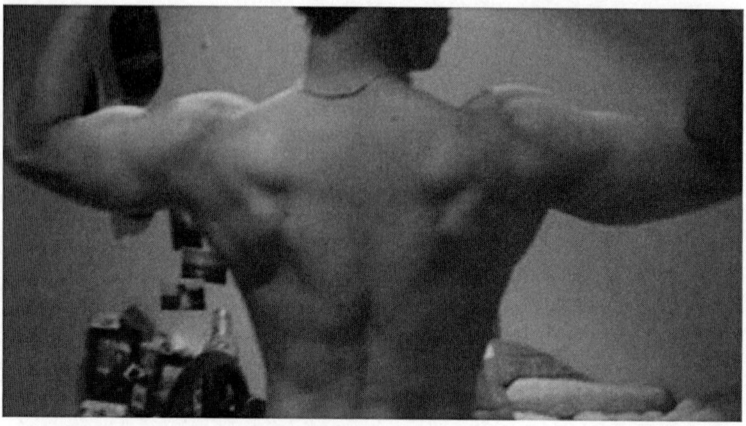

• 하루라도 운동을 쉬면 불안에 시달렸다.

은데 한 가지 여쭤봐도 될까요?"

가난했지만 위에 같은 이유로 자신감은 넘칠 때였다. 소천이는 그러시라고 하면서 우리는 이야기를 시작했다. 영어 이름이 Sue(동사: 소송하다)라고 하길래

"역시 법대를 다니시니 이름도 Sue군요!"

농담했더니 차가운 얼굴이 홍조를 띠며 빵 터졌다. 소천이도 한국 유학생회 모임 따위는 관심이 없지만 그래도 오다가다 내가 학교에서 아는 사람이 많고 후배들이 먼저 와서 인사 건네는 모습에 호기심이 생긴 듯했다. 이래서 남자들이 정치나 권력에 미치는가 싶다. 다 여자들에게 잘 보이고 싶은 욕망에서 나온 것이다.

회사법 시험을 잘 마치고 소천에게 고맙다는 구실로 학교 앞 먹자 골목에서 간단하게 피자를 사려고 했지만 극구 사양해서 결국 함께

• **UTS, 원주민 ART**

하지 못했다. 얼마나 내가 별로였으면 그랬을까 싶었지만 이제 졸업하면 바로 아버지 사무실에서 경력을 쌓고 머지않아 물려받을 금수저에게 들이댄 내가 물정 모르는 놈이다.

시험이 끝나고 더 이상은 소천이랑 엮일 일도 많지 않아서 오다가다 한 번씩 보고 인사하는 것이 다였다. 그리고 늘 그 옆에는 국적을 알 수 없는 키 큰 유학생 남자들이 빙 둘러있는 것을 보았다. 아마 같은 법대생들이리라. 그렇다고 설마 쟤들 중에 누구랑 사귈 것 같지는 않았다.

소천을 다시 만날 일이 없으니 소천을 침대로 데리고 갈 일도 없었다. 결국 소천이 날 도와주던 책에 희미하게라도 그가 남긴 글씨를 보면서 소천이 살짝 쥐었던 볼펜을 잘 간직해 두었다 꺼내어 쓰다듬으며 비참한 심경으로 자위를 하는 것이 내가 할 수 있는 전부였다.

• UBD Australia, 2006

이 당시가 2002년이니 차에는 네비 대신 UBD라는 지도 책이 있던 때였다. 그리고 오래된 UBD에는 우리 학교가 대학이 아닌 병원으로 명시됨을 본다. 학교 재단에서 폐병원을 인수해서 대학으로 용도 변경했다고 들었다.

종합병원으로 중증 환자도 많았다고 했는데 전염 등 문제로 사망한 환자를 소각하는 장소까지 그대로 있고 강의를 듣는 건물들은 사실 모두 입원 시설이었다. 이렇게 처음부터 대학으로 조성된 공간이 아니기에 쓸데없는 작은 건물들이 많았고 비워 둔 건물도 많았다.

특히 새로 지은 메인 강당이랑 멀리 떨어진 건물들일수록 사용 빈도가 적었고 강 옆에 후미진 자리에 있는 것들은 관리실에서도 신경 안 쓰는 오래된 것도 종종 보였다. 대부분 학생들은 그곳을 지날 일도 없고, 무슨 꿀 처발라 놨다고 그런 곳에 갈 생각도 하지 않았다.

하지만 나는 첫 학기 낙제 이후 충격이랑 나약한 심경에 시험 날은 꼭 아무도 다니지 않은 길을 통해서 등교해야 하는 징크스를 만들어 냈다. 누구도 다니지 않은 길이라 얼굴에 거미줄이 달라붙기 일쑤이고 이 근처 똥강에 호주 악어가 있을 리 만무하지만 강변 수풀에서 확! 한 마리 튀어나와도 전혀 이상할리 없는 길로만 다녔다. 오히려 그럴수록 마음이 놓였고 그럴수록 우연이겠지만 시험 성적도 좋아 시험 때는 특히 그런 길을 찾았다.

이 행동으로 시험 문제가 내가 아는 것으로만 재편집될 리 없지만 내가 공부한 것들이 그대로 시험에 나와서 깔끔하게 써내려 가는 오르가즘은 짜릿했고 시험을 그렇게 잘 마치면, 축상이 되어서 피자 먹으러 가자는 친구들을 뒤로하고 나는 다시 혼자 그 길로 웃으며 사라지곤 했다. 이러니 친구들은 나를 더욱 이상한 놈으로 여겼고 후배들은 무슨 영험한 추장을 대하듯 신비로워했다.

하지만 소천만이 날 대수롭지 않게 생각했다. 영어를 쓰며 한국 유학생들이랑 일절 어울리지 않는 소천은 내가 만든 이런 가면을 볼 일도 없으니 가면 뒤에 내 true face만 매번 보았다. 다시 말해 아무런 감흥도 없는 눈길만 내게 주었다.

그러자 나도 슬슬 소천에 대한 애정이 증오로 변하면서 거의 눈도 마주치지 않고 무시하기 시작했다. 이렇게 귀여운 날 몰라보다니 너무 서운했고, 매정하다 못해 재수 없는 여자였다. 호주에 다시 일본군이 쳐들어 와도 소천이 내게 아쉬운 소리 할 일이란 없으니 당연하겠지만 말이다.

• UWS, 2013

12월 마지막 학기 시험을 무사히 끝내고 경건하게 산길을 따라 집으로 가다 강변 근처 버려진 사무실을 지난다. 평소 같으면 어두운 길이라 빨리 벗어나고 말 텐데 무슨 지랄같은 마법이 걸렸는지 그날따라 그 안에서 뭔가 날 강하게 당기는 자력을 느꼈다.

혹시 애매한 호주 교직원 따위랑 눈이라도 마주치면 설명하기 귀찮으니 소리 내지 않으려 살금살금 집으로 다가가 거실 쪽 창을 통해 안을 들여다본다. 그리고 그만 비명을 지를 정도로 기절 초풍할 장면을 보고 만다.

속옷 없이 얄팍한 원피스 하나만 걸치고 아랫도리는 싹 다 벗은 채로 허연 발목이 허공에 마음대로 발차기를 하면서 뛰놀고; 그 아래 깔린 검은 남자 육체는 손으로 마구 그 여자 몸을 유린하며 즐거워하는 모습인데 그 여자가 다름 아닌 소천이다!

더구나 남자가 한 명이 아니라 여기서도 그룹 미팅이다. 아래 깔

• 그룹 미팅

린 남자를 마주하는 위치에 덩치 큰 다른 남자가 알몸으로 그렇게 농락당하는 소천이랑 눈을 마주하면서 서로 자위를 하고 자빠졌다 (비아냥이 아니고 진짜로 누워 있었음).

땀이 흥건한 소천 하얀 배가 보이고 온갖 체액으로 번들거리는 들뜬 그 얼굴도 보니 나는 그대로 얼음처럼 굳어 버렸다. 흥분되는 것도 아니요, 화가 끓어오르는 것도 아니다. 같은 자위를 해도 누구는 책상에서 회사법을 펴놓고 하는데 누구는 여럿이 사이좋게 도와가며 한다니, 마치 사회인 야구 선수가 메이저리그 올스타 출신 투수 공을 타석에서 본 것처럼 전의가 상실되어 버린다. 자빽이 심한 20대 남자가 감당할 수 있는 범위를 넘긴 것이다.

애들이 여기서 이러는 이유는 여러 가지가 있겠으나, 호주는 호텔이나 모텔이 별로 없고 대실 개념도 전무하다 보니 폐건물이나 빈집에서 섹스를 하는 애들이 많았고, 조용하면서 아무도 오지 않는 학교 안에 이런 장소는 호주 애들로서는 떼간(姦)하기에 좋았으리라.

마치 지옥경이라도 본 사람처럼 나는 그 악마들하고 눈이라도 마주칠까 두려워 미친 듯이 집으로 달려왔다. 누구나 난잡한 섹스를 하고 싶지만 문명 속에서 살기 위해 그런 욕망을 포기하기로 약속했고 일부일처 제도도 만들어 따르기로 했는데 이러시면 젠장할 곤란한 거 아닌가? 우리 인류가 희생한 지난 시간을 과감하게 조롱하고 약정을 깨버린 호주 X세대를 보자니 내 안에 있던 모든 규칙, 정의 등이 무너져 내렸다.

"이런 개 같은 연놈들이라니!"

늑대랑 달리 바소프레신이(vasopressin)라는 호르몬이 부족하여 난교를 일삼는 개성향에 빗대는 표현이 아니고, 동물로서 개를 천하다고 비유하는 욕을 시작하는 시점이 드디어 나에게도 왔다. 소천이라는 음란한 공주가 동화 속에서 잠자던 어리숙한 나를 일으켜 준 셈이다. 더구나 사법 시험이 없으니 이제 졸업만 하면 호주 변호사가 될 분들이 나서서 법상식이랑 사회 통념에 반하는 비정상 활동을 버젓이 하다니 변호사들에 대한 로망도 깨졌다.

지금까지 스스로를 사랑하며 자아 속에만 거하던 내 리비도는 그날 울타리를 뚫고 나와 외부 대상을 찾아 헤매기 시작한다. 자아가 발전한 것이다. 그리고 나도 다른 사람들처럼 주변 시선을 의식하기 시작하면서 비밀이 많아졌다. 그토록 넓던 오지랖도 그쳤으니, 오지랖이란 순수함 50% + 자기애 50%였다.

이날 이후 폭발한 내 색욕은 누르기 힘들 지경까지 발광을 했고 서서히 신경증도 대가리를 들면서 호주 사회에서 원하는 구성원 모습으로 성장하게 된다. 매사에 비밀스럽고 겉으론 거룩한 척하다가도 뭔가 힘들면 다시 죽는 소리하면서 주변에 도움을 구걸하는, 내가 혐오하던, 바로 그런 영악한 어른이 된 것이다.

모두들 사랑하며

시드니에서

"만일 당신이 사랑하면 고통받을 것이고,

사랑하지 않으면 아플 것이다." - 프로이트

· **SYDNEY, 2014**

오늘도 도끼맞은 너에게!

사랑이라는 착각

오늘도 도끼맞은 너에게!

10 날 사랑한 고양이 - 1/2

• 호주에서 외래종으로 살기

호주는 자연이 잘 보존된 나라인 만큼 집 주변에서도 예상치 못한 야생 동물을 종종 봅니다. 산책하다 커다란 도마뱀 블루텅을 만나거나 집 뒤뜰에서 애써 키운 작물을 파헤치는 와이드 터키들은 이젠 신기하다기보다는 같이 사는 이웃이고 가끔은 성가신 존재들입니다.

더구나 동물을 보호하는 법도 잘 되어 있어서 흔하게 보이는 동물이라고 함부로 대하거나 학대를 하면 큰 벌금을 물거나 심하게는 형사처벌 대상이 되기도 합니다.

• Blue tongue, Sydney, 2023

호주도 여러 외래종들 유입으로 기존 동물들이 심각하게 고통받거나 사라지고 있는데 정확하게 말하면, 외래종이란 사람이 데리고 온 다른 대륙 동물들이니 억울하기는 그들이 더할 것입니다. 가족이랑 고향을 떠나 강제로 끌려오다 못해 외래종이라 낙인까지 찍어 이제는 잡아 죽이지 못해 안달이니까요.

제가 사는 단지 안에는 길 고양이들이 몇마리 있습니다. 아무리 성격 좋고 자연을 사랑하는 호주 사람들이라도 그 녀석들은 애물단지 취급을 받습니다.

고양이들은 나름 구역을 나눠서 서로 침범하지 않고 단지 안에서 지냅니다. 우리 집 뒤 학교 쪽은 암컷 삼색이 구역이고, 수영장 근처는 검은 턱시도가 지키고 있습니다.

그리고 공용 수영장을 지나 단지 끄트머리 코너에는 오렌지색 '호수'가 살고요. 정문 게이트를 지키는 암컷 회색이랑 점박이 수놈은

• 뒷마당, Wild Turkey

게이트 근처 집에서 키우는 외출냥이로 동네 길고양이는 아닙니다. 이런 식으로 집이랑 가족이 있는 애들이랑 길냥이들이 다 섞여 사는 단지가 저희 동네입니다.

이렇게 복잡한 관계로 엉켜서 사람이랑 고양이, 강아지, 와이드 터키들이 살다 보니 작은 말썽들이 끊이지 않습니다. 특히 호기심 많은 고양이들은 담을 타고 여기저기 남에 집에도 왔다가는 터라, 길고양이 밥을 주거나 잠자리를 마련해주지 말라는 내규 Bylaw도 생겼습니다.

그중에 오렌지색 코트를 입은 길고양이 호수가 오다가다 가끔 눈에 띕니다. 다른 고양이들하고는 다르게 녀석은 사람에 대한 겁이 없어서 첫 날부터 다가와 비비고는 아는 척까지 합니다.

기특해서 몇 번 그렇게 인사를 하고 나니 그 다음부터는 마치 나를 기다렸다는 듯이 멀리서도 달려와 반기는데 시드니에서 나를 이

• **SYDNEY, 2023, 호수**

렇게 진심으로 반겨주는 친구는 손에 꼽을 듯합니다.

문제는 길고양이를 불편해하는 일부 호주 사람들입니다. 그들이 나를 어떻게 생각하는지는 대충 그 눈빛으로 알 수 있습니다. 그들에겐 내가 외래종 고양이 같은 〈외래 인간〉이니까요. 그래서인지 호수 녀석이 살아야 하는 이곳 삶이 측은해 보입니다.

이름을 '호수'라고 우리말로 지어준 것도 저이고 혹시 만날 것 같은 느낌이 들면 간식을 챙겨 일부러 나가봅니다. 호수~하고 부르면 어디선가 놀다가 급하게 총총 발로 야옹~하고 대답하며 뛰어 오는 모습을 볼 때면, 데려가서 키워야 하나 진지해집니다.

호수는 Unit 20에서 마련해 준 박스에서 회색 고양이랑 살고 있습니다. 이곳이 영하로 떨어지는 것은 아니라도 겨울이라 밤에는 추운데 저녁에 어쩌다 U20 앞에 가보면 회색이랑 꼭 끌어안고 자는 모습이 보입니다. 그러다 내 발걸음 소리를 알면 또다시 버선발로 달려나와 쿵하고 작은 박치기를 다리에 하며 왜 이제 왔냐고 합니다.

이미 고양이 두 마리 입양했는데 한 마리 더 입양할까? 더 큰 문제는 제가 곧 수술을 앞두고 있어서 당분간 누굴 돌볼 처지가 아니니 이렇게 길에서 만나면 쓰다듬어 주고, 간식 나눠주는 것이 서로에게 좋을지도 모른다는 생각을 합니다. 잠시 눈을 감고 호수에게 동일화해봅니다. 답답하게 집 안에서 사는 것보단 '배가 고프더라도 밖이 더 편하다'라고 내가 호수가 된 듯 결론 내립니다.

호수가 사는 영역이랑 우리 집 사이에는 공용 수영장이 있는데 그곳은 턱시도 영역으로 그 어느 고양이도 감히 침범하기 어려운 장소입니다. 사람에겐 얼마 안 되는 거리 같지만 영역 동물인 고양이에게는 그 길을 건넌다는 것은 쉬운 일이 아닙니다. 고양이들끼리 정한 규칙을 어겨야 하니까요.

집 정리를 할 것이 있어 현관문이랑 차고 문 따위를 모두 열어 놓고 이것저것 옮기는데 기분이 이상해서 뒤를 보니 언제 왔는지 호수가 떡하니 날 보며 앉아 있습니다. 20호에서 여기까지 어떻게 왔는지, 무엇보다 우리 집을 어떻게 알아냈는지 너무 기특한 마음도 잠시 '호수!'라고 부르자마자 질투 많은 우리 집 프로이트가 난리가 났습니다. 그보다 지금 상황, 호수가 자기 영역을 넘어서 날 찾아왔다는 것이 너무 놀라웠습니다.

그리고 프로이트 앙칼진 소리에 놀라 도망가는 호수 뒷모습이 짠해 간식을 챙겨서 20호 근처로 갔습니다. 어두운 저녁임에도 무슨

• 호수, 2023

일이신지 호주 관리인 아저씨가 다니고 있어서 나 역시 바짝 긴장했습니다. 길고양이에게 먹이를 주는 것이 내규에 어긋나는 일이니까… 가보니 호수는 여전히 발랄한 걸음으로 다시 냉큼 달려와 놀자고 골골거리며 내 다리 사이를 왔다갔다 하는데 오늘 간식은 맘에 들지 않는지, 아니면 이렇게 자신을 찾아와 준 내가 더 중요한지 먹지는 않고 내내 비비기만 합니다. 추위 탓인지 더 말라 보이는 녀석이 안쓰러워서 '그럼 나중에 생각나면 먹어' 하고 녀석이 자는 허름한 박스 근처에 놓아두고 누가 볼세라 집으로 돌아옵니다.

그러다 사건이 터졌습니다. 길고양이에게 놀란 24호 할머니가 발가락이 부러졌다는 이야기가 삽시간에 단지 안에 돌았습니다. 인상착의는 오렌지색 날렵한 고양이라고들 웅성거렸습니다. 곧 내부 규제가 강화될 것이니 집이 있는 고양이들은 외출 시에 목걸이를 반드시 착용할 것이며, 목걸이가 없는 고양이들은 길냥이로 간주 구조센터에서 설치한 포획틀로 모두 잡아갈 것이라고 했습니다. 일이 이렇게 되자 어쩐지 호수가 용의 선상에 있는 것으로 보였고 녀석이랑 친한 것, 그리고 가끔 간식 준 나도 용의자를 돕는 인간이라고 사람들이 웅성거리는 소리가 들립니다. 호수가 잡혀가는 것은 이제 시간문제라, 녀석을 볼 날이 모래시계 가루처럼 아래로 떨어지는 것 같은 기분에 똥줄이 타서 더 보고 싶어지는 악순환에 빠지고 맙니다.

그리고 어제 저녁 마실 삼아, 실은 호수를 볼까 싶어, 20호 주변을 슬슬 돌았습니다. 이쯤 되면 나와야 할 호수가 보이지 않고 날도 추워 오늘은 어디 다른 곳에 놀러 갔나 싶어 한 바퀴만 더 돌고 들어갈까 고민하는데 오렌지 코트를 입은 고양이가 쏜살같이 단지 바깥으로 달려 나가는 모습이 보이고 뒤에는 어떤 호주 아저씨가 화난 모습으로 팔을 휘두르고 있습니다.

가까이 가서 보니 호수는 놀라서 게이트 밖까지 나가 숨어 우리 쪽을 보고, 나는 그 아저씨를 가까이서 봅니다.

"You know that cat?"

당신 저 고양이 알아?

"He is not mine, but I know him, why?"

제가 키우는 애는 아니지만, 아는데 왜요?

"That bloody cat broke the toe of the lady next door!"

저 염병할 고양이가 옆집 할머니 발가락을 부러뜨렸어!

"Yes, I heard of it but there is no evidence, pointing he is him."

들었는데 그게 재라는 증거는 없잖아요.

"You are also one of the guys feeding cats, right?"

너도 여기서 고양이 밥 주는 인간 중에 하나지?

(여기서 움찔했고 뭐라 답하기 애매했다.)

"You know that our bylaw prohibits feeding cats, if you understand.."

고양이 밥 주는 것이 내규상 금지된 거는 알지? 이해했는지 모르지만….

"Sure, I know the bylaw. I believe you probably know the rules and regulations of the NSW government also prohibits any kind of cruelty to animals. In addition to that the State law predominates over our bloody bylaw."

물론 내규 알죠. 그럼 주정부 법에 동물학대하면 안 되는 것도 잘 아시겠군요. 추가로 주정부 법은 이따위 동네 내규보다 더 위에 있다는 것도 아실 테고?

내규 이야기를 먼저 꺼내며 무시하는 듯한 말투에 짜증이 나서, 변호사도 아닌 주제에 법으로 받아치니 구시렁거리면서 아저씨는 대충 물러났습니다. 저도 더는 이야기하고 싶지 않아 그만 집으로 들어와 버렸고요.

몇 년 전에 다른 주에서 고양이 개체수 폭증으로 토종 동물들이 줄어든다 하여 많이 잡아 죽였다고 합니다. 그리고 얼마 지나지 않아서 엄청난 쥐떼 습격을 받으니 고양이 개체수 감소에 따른 인과응보라고 뉴스에서 분석하는 기사도 보았습니다.

호주 새랑 파충류를 사냥하는 것이 고양이들 행동이지만 그렇다고 인간들 필요로 인해 데리고 들어온 고양이들을 이제는 마구 죽이자는 일은 설득력이 있을 수 없습니다.

호수,

생각해 보니 널 위한답시고 호주 아저씨 심기만 더욱 건드려 놓은 것은 아닌지, 후회스럽구나.

널 위해 이런저런 고민을 해본다.

마침 고양이를 입양하고 싶어 하던 후배가 있어.

그 일이 아니더라도 내가 이렇게 저렇게 방법을 또 알아볼 테니 말썽 피우지 말고 조금만 기다려다오.

모두들 사랑하며

시드니에서

• 호수, 2023

사랑이라는 착각

오늘도 도끼맞은 너에게!

11 날 사랑한 상담사

• 상담 받다 말고 사랑에 빠지는 방법

오늘도 정신분석 관련 글을 먼저 요약하고 뒤에는 판타지 소설을 붙이는 구조입니다. 가장 최근에 읽은 <정신분석 치료 중 여러 길, 프로이트, 1919>을 주로 인용해 보겠습니다. 조금 더 쉽게 쓰면 좋겠다는 주변분들 요청이 있어 오늘은 요약 부분을 평소보다 더 길게 가지고 갑니다. 풀어 쓰다 보니 이미 지난 글에서 설명드린 부분이 다시 나오기도 합니다. 시작하겠습니다.

정신분석이라 하면 크게 두 가지를 말합니다. 1) 환자 무의식에 억압된 정신을 의식으로 꺼내도록 돕는 것이랑 2) 그 와중에 올라오지 않으려는 저항, 갈등 따위를 발견해서 해소시켜 주는 일입니다.

어린 시절 우리가 가진 욕망, 충동들은 목적도 없으며 쾌감원칙만 따르기에 현대 문명인으로 성장하려면 대부분 억제되어야 하고요. 그렇게 억압된 욕망은 무의식에 숨어들게 됩니다. 이것들은 해소된 것이 아니기에 <의식>이라는 검열을 피해 다른 형태로 <증상>이 되어 우리 삶에 나타나는데요. 불안, 갈등, 공포, 강박, 심지어 마비 증세도 이런 과정에서 발생한 것들이라고 합니다.

결국 치료 분석을 받으면 히스테리증자/신경증자는 자기 무의식에 있는 진짜 나를 보면서 자신을 더 잘 알게되어 증상을 극복하고 현실 사회에서 열심히 일하며, 세금도 내고, 정자세로 섹스하여 아이를 낳는 등 우리 문명을 유지, 발전시키는 한 축을 담당하게 됩니다.

조금 더 자세히 분석 과정을 살펴보겠습니다. 환자(내담자가 맞겠지만 환자로 통일하겠습니다)는 어린 시절에 보호자로부터 수많은 억압을 받습니다. '똥은 지지야, 높은 곳은 위험해, 시끄럽게 울지 마, 밤에는 자야 해' 등등 수도 없습

니다. 하지만 내 기질 중 하나가 이중에 너무 끌리는 것이 있다면, 무의식이란 곳에 갇혀 있지만, 사라지지 못하고 오히려 커져 갑니다.

그리고 성인이 되어서 그 기질을 자극하는 순간에 나는 알지 못하게 급발진하거나 기절하기도 하고 심히 두렵거나 몸에 마비도 나타나 증상을 해결하기 위해 백방으로 다니겠죠. 백약이 무효하고 MRI 결과도 이상이 없다면 마지막 수단으로 정신분석을 받으러 갑니다. 이런 것들은 무의식 속에서 나온 증상이기 때문이죠.

이렇게 정신분석가를 마주한 환자는 자기 불편한 증상, 이해 못 할 병을 털어놓고 분석가에게 도움을 청하게 됩니다. 여기서 분석가는 환자 기대랑 다르게, 환자 스스로가 문제를 찾고 말하도록 유도합니다. 그리고 분석가는 환자 어린 시절을 옥죄던 보호자처럼 변신하는 <전이>를 유도합니다. 그럼 환자는 분석가를 그때 그 사람으로 여기기 시작하며 긴 여행같은 정신분석으로 들어갑니다.

이런 과정에서 환자는 분석가를 미워하고 사랑하고 오만 가지 감정 롤러 코스트를 경험한 후에 스스로 증상 원인은 물론 해답까지 끌어내는 <주체>가 되는 것이 정신분석이니, 분석가란 옆에서 환자를 돕는 사람일 뿐 우리 생각처럼 내 정신을 분석해서 떡! 하니 결과물을 내어 놓는 일 따위는 하지 않습니다. 그 과정에서 꿈을 해석하는 일이나 자유 연상 등이 쓰이는데 너무 길어지니 생략합니다.

분석가들은 그럼 듣기만 하나요? 시간당 15만 원씩 하는 분석 과정인데 그럴리가요.

정신분석 치료에서 가장 기본이 되는 기법을 보겠습니다. 바로 <절제>입니다. 환자들이 부탁하는 것을 거절하는 것을 뜻하지는 않고요. 침대에서 절정에 이르는 순간을 미루는 동작도 아닙니다.

정신 분석이 시작되면 환자는 대번 증상이 완화됨을 느끼는데요. 이때가 고비입니다. 그렇게 병증이 살짝 개선되면서 남는 힘(리비도)은, 증상이 완전히 제거된 것은 아니지만, 다른 장소를 찾습니다. 대부분 새로운 취미나 습관들을 찾아가는데 '성급한 연애'가 가장 흔합니다.

성급한 연애는 양반이고 자신을 처벌하려는 목적으로 서투른 결혼도 하고요. 이러면 정신분석을 받아서 환자 인생은 더욱 망가지게 됩니다. 그럼 환자는 분석 전보다 나쁜 상황으로 가면서 자기 '운명'은 원래가 재수가 없다는 식으로 더 체념하게 되고 맙니다. 이렇게 하여 분석도 실패하고 맙니다.

그러니 분석가들은 분석이 너무 빨리 끝나지 않도록 조심해야 합니다. 당장 증상이 사라져 상태가 좋아졌다는 현상은 자칫 모두에게 지옥을 선사할 것입니다. 분석가는 증상이 사라지면 그 고통을 다른 곳에서 다시 구성해 줘야 합니다.

그렇다고, 돈값하겠다고, 환자를 기분 좋게 해 주려는 서비스 정신을 발휘해서도 안됩니다. 그것은 환자 스스로 문제를 해결해서 증상을 극복하는 힘을 심어 주지 못하는 실수를 범하는 것입니다.

결코 충족할 수 없는 소원들이 충분히 남게 두어야 합니다.

내밀한 자기 무의식에 들어가 싸워야 할 사람은 환자 본인입니다. 분석가는 흑기사가 아닙니다. 환자가 강도 높게 원하고 갈급하게 부탁하는 욕구들을 충족시켜 주는 키다리 아저씨도 아닙니다.

• 프로이트 분석실, 액자는 스승인 샤르코 최면 시연 장면

스위스 학파랑 다르게 프로이트 선생님은 분석가들에게 요구합니다. 절대 환자를 분석가 소유물로 만들거나 어떤 이상향을 만들어주고 그것을 따르게 하는 것은 하지 말라고요.

환자는 분석가랑 모든 면에서 다릅니다. 교육 수준, 사회 위치, 세계관에서 아무런 공통점이 없는 개체인데 어찌 그 특수성을 무시하고 분석가 자신이 그리는 이상에 맞춘단 말입니까? 환자는 분석가랑 철저하게 다른 사람입니다. 환자를 '고상한' 길로 인도하고 교육하는 것은 사실상 폭력일 뿐입니다.

그럼 정신분석이 가지고 있는 문제는 무엇일까요? 말로 하니 치료 효과가 약물 투여처럼 높지 않습니다; 치료 기간도 길기에 분석가는 소수 환자만 볼 수 있고; 비용은 비싸 상위계층만 분석받을 수 있습니다.

신경증으로 힘들게 사는 서민 계층을 위해서 이렇다 할 도움을 주지 못하는 프로이트 선생님 안타까움은 그 글에 종종 나옵니다. 가난한 생명도 외과치료를 받을 수 있어야 하는 것처럼 가난한 자도 정신치료를 받을 수 있는 동등한 권한을 국가가 의료보험으로 만들어 주어야 한다고 100년 전에 이미 말씀하십니다.

술 통에 빠져사는 남자들, 늘 체념만 하면서 패배감에 사는 여자들, 방목상태 아니면 과도한 억압 상태 사이에 선택만 있는 아이들을 무료로 정신 분석을 받을 수 있도록 해야 한다고 하시며 그런 날이 언젠가는 한번 우리 인류사에 반드시 올 것이라고 믿으십니다. 마치 언젠가 주 예수가 이 땅에 다시 오실 것을 믿는 신앙처럼 들렸습니다.

모든 대중을 치료할 때가 되면 순도 100% 황금인 정신분석뿐 아니라 구리 같은 최면요법도 적절하게 합금해서 쓰라는 당부를 벌써 하시네요. 직접 암시를 통한 최면은 효과가 돌아서면 사라지고 환자가 분석가에게 성욕을 느끼는 부작용이 있지만 적절하게 쓰는 것이 대중 치료에서는 필요할 것이라고 논문 요약을 마칩니다. 그럼 제 판타지를 시작합니다. 아래 화자가 저라고 믿으시는 분은 이젠 없으시겠죠?

• **파리에서 스승 샤르코에게 최면으로 히스테리 치료를 배우는 의사들, 이 중에 프로이트 선생님은 누구실까?**

아버지 사업 실패로 친척 집을 전전했던 학창 시절은 지금도 유쾌하지 못하다. 생일에 친구들을 집에 초대해 보는 것이 그때 작은 소원이었지만 이루어지지 못했다.

늘 많은 가족이 사는 집이기에 사생활이란 존중받기 힘들었으니 중학생 때 친구를 통해 자위(自慰)라는 행동을 전해 들었지만 시도할 엄두도 내지 못했다.

하지만 아래에서 올라오는 령(靈)은 어느덧 스물스물 깨어나 책상에 앉아 다른 생각을 하던 어느 날 수학 책을 앞에 놓고 생에 첫 오르가즘을 느낀다. 그때 눈앞에서 터지던 폭죽이랑 쾌감은 지금껏 살면서 느낀 그 무엇이랑도 달랐다.

특이한 것은 이 쾌감이 곧바로 엄청난 죄책감도 불러일으켰으니 거기서 오는 설렘도 있어서 아주 복잡한 감정이 처음 만들어지기 시작했다. 어른이 된 것이다.

자주 하고 싶었으나 그럴 형편이 아니니 참다 참다 견디지 못하는 날, 불안에 시달리며 숨어서 했다. 심지어 부모님이나 동생에게 발각되는 상황에서 마주한 내 얼굴은 처참하기 그지없고 죽고 싶은 심경이니 색욕이란 나에게 지독한 고통이며 없애고 싶은 상처였다.

없는 살림에 시작한 유학생활이지만 아무리 돈이 없어도 나는 독방만큼은 포기하지 않았다. 일을 더하든 아주 열악한 집으로 멀리 이사를 가는 한이 있더라도 누구랑 같이 방을 쓰는 옵션은 머리에 있지 않았다.

그렇게 홀로 방에 있는 것이 내 유학생활 전부였다. 고국에서 9천km 떨어진 아름다운 곳에서 생활한다고 친구들은 부러워했지만 나는 배경이 호주인 고시원에 살뿐이었다.

방 안에서 먹고 자고 공부하고 운동하고 자위하고 쉬고 웃고 울면서 아름다운 감옥 생활을 한 것이 내게 남아 있는 지난 유학 생활이다.

• Oxford St, SYDNEY

방세에 쫓기다 던다스 지역에 한인 가족들이랑 살게 된 적이 있다. 아저씨는 몹시 왜소하며 페인트 일을 하셨고 어린아이 둘이 있는 주인집 아주머님은 악착같이 돈을 모았다. 비자도 없이 살아야 하는 불안한 이민자 집안이니 어련했을까.

지금 30대를 보면 애도 이런 애가 없는데, 20대 초반에 보던 30대 하숙집 아주머님은 어머니 같은 느낌이었다. 지금 생각해 보니 젊은 나이에 가족을 데리고 호주에 와서 자기 욕구나 소원을 모두 포기하고 살아야 하는 여자로서 인생이 보인다. 물론 그때는 전혀 그런 것을 몰랐다. 지금 내가 60대들 고충을 알 수 없는 이치다.

다세대 주택이라 다닥다닥 붙은 1층인데, 옆집에 사는 호주 놈이 얼마나 호색한지 이사 첫날부터 벽을 통해 여자 신음 소리랑 괴성이 온 집안에 울린다. 그리고 아침이면 온 가족이 서먹해져서 눈을 맞추기 힘든 상황으로 각자 출근하거나 학교를 가는 날이 반복되었다.

이사를 하고 몇 주 지나 나도 안정을 찾자 슬슬 성욕이 올라왔다. 더구나 밤이면 허덕거리며 Tony를 애타게 찾는 젊은 호주 여자 목소리를 듣고 있으면 영어 이름을 Tony로 하지 않은 것이 피눈물 나도록 안타까웠다. 전혀 죄가 없는 나는 온전히 Tony 탓에 다시 자위를 시작한다.

오래 참아서 그런지 한 번 발동이 걸린 20대 남자 성욕은 그칠 줄을 몰랐다. 문제는 아무리 시치미를 떼고 수습을 해도 뭔가를 눈치챈 아주머님은 자위할 때 즈음하여 내 방문을 벌컥벌컥 열어젖혔다.

한 번은 사정 직전에 하반신이 모두 벗은 상태인데 살금살금 와서 문을 벌컥 여는 바람에 직방으로 걸릴 뻔했다. 그 0.1초 사이에 바지를 입고 태연하게 책을 보는 척해서 넘어갔지만 지금 생각해도 식은 땀이 난다.

다행히 주인집 아저씨가 '총각 방문을 그렇게 벌컥벌컥 여는 것이 어디 있냐'며 핀잔을 주어서 그 다음부터 그런 일은 없었지만 늘 나를 의심하는 눈초리로 못 마땅하게 보는 아주머님 얼굴은 그대로였다. 그러니 나에게 자위란 청소년기를 지나서도 최대한 빨리 끝내 버려야 하는 성가신 본능이며 늘 초조함 속에서 이루어지는 행사였다.

그러다 처음 호주에 왔을 때 영어학교에서 만난 누이를 대학에서 다시 만났다. 그때 서로 좋은 감정이 있어 장난도 치고 했지만 호주에 적응할 시기라 연애 감정을 잡지는 못했는데 2년 후에 다시 만난 우리는 달랐다. 누가 먼저랄 것도 없이 친해졌고 손잡고 키스하고 바로 진도가 쭉쭉 나갔다.

누나는 지난 2년 동안 홍콩 남친, 호주 남친 등을 경험하여 여자로서 즐거움을 아는 농익은 때였고, 호주라지만 2002년 당시에는 지금처럼 흔치 않은 레깅스 패션으로 다닐 만큼 몸매도 좋고 자신감도 넘치는 선배였다. 나는 장난 삼아 권 씨인 누나를 '미스 권'이라고 부르며 놀렸다. 다 좋은데 우리 모두 궁색한 유학생들이니 어디 마땅히 할 곳이 변변치 못했다. 그러다 꾀를 낸 것이 이곳 하숙집이다.

3개월 정도 살아보니 수요일 오전 열한 시부터 한시까지는 집이

빈다는 것을 찾았고 누나는 그 시간에 맞추어 몸 단장을 하고 내게 왔다. 평생 초치기 자위만 했던 나이기에 누이에게 삽입을 한다는 것은 큰 부담이고 피임 기구를 산다는 것이 어색하기도 하지만 그 돈도 아쉬웠다. 그래서 우리는 궁여지책으로 삽입만은 하지 않으며 서로 성기를 쓰다듬으로 타위(他慰)를 해주었고 이것만으로도 감사했으니 여친이 생겼다고는 해도 조루를 극복할 경험은 하지 못했다.

그러다 사고가 터진다. 예상치 못한 수요일, 하숙집 아주머님이 무슨 일로 일찍 집에 온 것이다.

"미스 권, 섹시 리듬 타면서 레깅스 벗어 보세요."

"누나한테 또 까분다. 혼날래~"

"네, 혼내 주세요. 꽉 안아 주세요!"

이렇게 둘만 집중하며 황홀경 속에서 온 힘과 정성을 다해 누이를 애무하는 내 방문이 또 예고 없이 벌컥 열린다! 알몸이던 나랑 누이는 그대로 얼음이 되고, 이런 연놈들을 증오하는 눈으로 씩씩거리며 한참을 내려다보던 아주머님은 쾅하고 문을 닫고는 안방으로 들어가 버렸다.

상황이 이렇게 되자 나랑 누이는 아무 말도 없이 주섬주섬 옷을 챙겨 입고는 집을 나와 역에까지 데려다주고는 집으로 혼자 돌아오는데 자위하다 부모에게 걸린 것보다 100배는 치욕스럽고, 이제 내 인생은 어떻게 되는 것인가 대역 죄인이 된 기분으로 심란함에 집으로 왔다.

조용히 내 방으로 돌아와 문을 여는 순간, 나는 그만 깜짝 놀라고 만다!

내 방 책상에 하숙집 아주머님이 삶은 하얀 계란 두 개랑 흰 우유 한 컵 그리고 편지를 놓고 간 것이다.

혼쭐이 날 거라고 무거운 마음으로 온 나에게 이것은 어떻게 해석해야 할지 모를 일이었고, 결국 나는 그 주에 이런저런 핑계를 대고 그 하숙집을 스스로 떠나야 했다.

이런 창피한 사건들은 모두 내 무의식으로 숨어 내려갔고 결국 나를 더욱 불안하며 조급한 남자로 만들었다. 그것뿐 아니라 끊임없는 억압이랑 궁핍한 내 상황은 이상한 성도착 같은 습관을 잉태하기 시작했다. 하지만 내 의식으로는 이런 변화나 갈등을 인지하기도 힘들고, 그 원인을 찾아내 고칠 능력도 없으니 이런 모든 일들은 반복이 되면서 내 운명이 되어갔다.

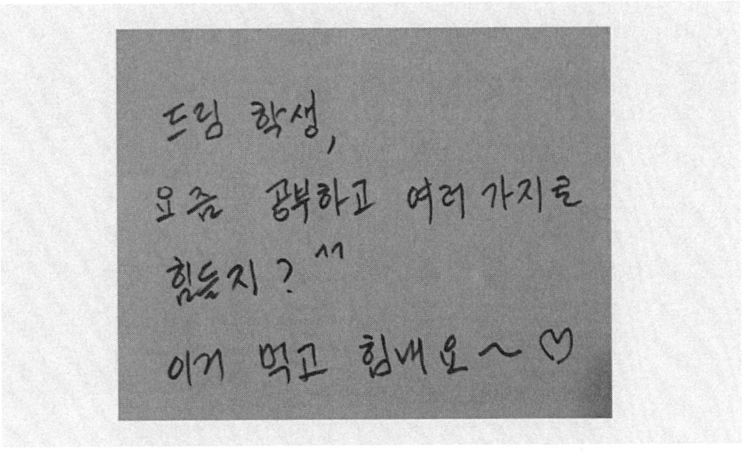

가끔 내가 조루임을 알게 된 친구들 반응은 크게 두 가지이다. 첫째는 너 같은 몸에 조루라니 역시 신은 공평하다며 조롱하는 부류랑 조루는 마음속 병이라고 하면서 조언을 주는 것이다.

조롱은 넘기고 두 번째 조언은 늘 내게 숙제였다. 마음속 병이라고 원인을 말해 주어도 해결할 방법은 찾을 수가 없더라. 아무리 애국가를 부르고, 급박한 순간에는 체위를 바꾸거나, 달맞이꽃가루를 먹는 등 별짓을 다 해도 난 멈출 수가 없었다. 당최 나아질 기미가 보이지 않았다.

드디어 2013년이 되었다. 공인 회계사로 호주 대기업에 회계 팀장으로 들어갔다. 당시 회사는 복지 일환으로 직급에 맞추어 자신을 위해 교육비로 쓸 돈이 나왔다. 업무랑 관련 있다고 하면 뭐에 써도 좋을 눈먼 돈이라 기왕이면 재미있는 것을 해보고 싶었다. 그러다 심리 상담 같은 것을 받기로 했다. 회사에는 대충 Communication skill 증진을 위한 어쩌고 저쩌고 해서 보고하면 그만이었다.

• **드림 vs 호주 아저씨**

그리고 교민 광고 잡지를 뒤적인다. [상담] 코너를 보니 열 개 정도 심리학 상담처가 나왔다. 상담 센터도 있고 개인 상담사도 보였다. 우선 대략 몇 군데 전화를 해봤는데 대부분 내가 원하는 것이 아니었다. 그리고 개인 상담사로 보이는 '로즈 초이'라는 여성에게 전화를 건다.

최장미

일본 이름도 있으니 이름만 세 개인데 아버지가 일본 분이고 어머니가 한국 사람이며 본인은 미국에서 나고 자란 완전 미국 여자였다.

처음 전화를 하는데 영어가 더 편하다고 해서 이참에 영어도 배우면 좋겠다 싶어 바로 로즈로 정했다. 여기까지는 대외용 핑계이고 사실은 끈적끈적하면서도 어눌한 우리 말투가 나를 이상하게 끌어당겼다.

처음 통화를 하고 토요일 아침 첫 상담을 정했다. 그리고 상담실이 같이 있는 로즈 집으로 가는 길에, 늦지도 않았구만 초행길인데 조심히 잘 오고 있느냐며 거의 여친 모드로 전화가 와서 날 챙겨주었다.

이러니 첫날부터 [상담 + 영어 공부 + 알파]가 있을 거라는 기대를 자연스레 하게 된다. 돈이 없을 때는 유혹도 날 피해 다니더니, 회계사로 잘 나가자 온 세상이 나에게 다양한 도움을 선사했다. 주머니가 든든하니 분석 치료를 받은 것도 아닌데 사소한 이런저런 내 신경증상들도 눈에 띄게 사라졌다. 유학 시절에 비해 삶에서 좌절이나 갈등이 줄어들자 신경증을 유발하는 요인도 자연스레 줄었다. 자본주의 사회에서는 돈이 만병통치 약이었다.

없이 살 때는 사정 시간을 줄여야 했지만 생활이 나아지고 안정이 되자 어떻게 하면 오래 할지가 고민거리였다. 척박한 환경에서는 빨리 해치우고 수습하는데 골치였다면 이때부터는 더 길게 시간을 유지하면서 즐기는 것이 목표였다. 하지만 오랜 시간 빨리 끝내는 것에 익숙해지고 길들여진 상태라 삶이 폈다고 갑자기 나아질 수가 없더라. 더구나 무의식은 시간 개념도 존재하지 않기에 의식에서 원하는 것처럼 조루 증상을 해결한다는 것은 결코 쉬운 문제가 아니었다.

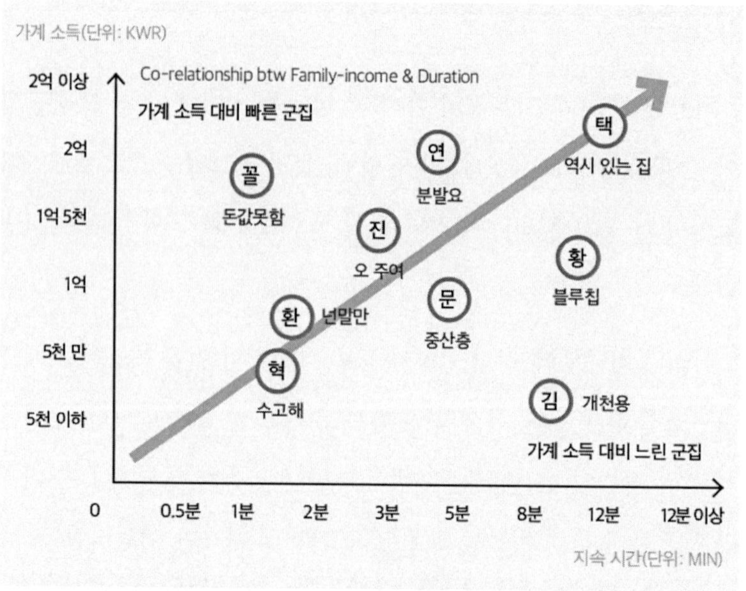

- 가계 소득이랑 조루는 negative 관계가 있는 듯. 없는 집 애들은 싸기도 빨리 하니 가정은 더욱 불행해짐. 가난함이 주는 또 다른 증상은 조루였다. 경제학으로도 증명된다.

하여간 그렇게 로즈 집에 도착해 보니 무척이나 특이한 외모를 지닌 여성이 반겼다. 키가 168cm 정도로 컸는데 몸매가 동양 사람이라고 믿기 힘든 볼륨이고, 그것을 강조하고 싶었는지 가슴골이 푹 파인 윗옷을 입고 날 반겼다. 나는 곧바로 고개가 돌아가는 지경으로 어색했지만 무척 좋았다. 가장 특이한 것은 헤어 스타일인데 오래전에 교통사고가 크게 났다는 거랑 연관이 있는지는 해병대처럼 옆은 싹 다 밀고 위만 상고머리처럼 묶었다. 그런 외모에서 나오는 아우라는 거의 만신(漫神) 혹은 추장 같은 신비로움을 주었다.

집에 들어가자 이번에는 큰 개들이 웡웡!거리며 날 반겼다. 미국 여권 소지자가 왜 호주에서 외롭게 사는지 궁금했지만 묻지 않았고 로즈는 이를 달래기 위해 호주 구조견들을 여러 마리 입양해서 살았다. 허스키인 록키랑 리트리버인 듀이 그리고 작은 심바까지 세 마리로, 한 마리는 얼마 전에 무지개다리를 건넜다며 눈물이 그렁그렁했다. 그런 모습을 보자 장기 털릴 일은 없을 것 같은 안도감이 들면서 나도 강아지들을 살갑게 대해주고, 자신에겐 자식 같은 개들도 날 좋아하니 로즈 눈은 점점 하트 모양으로 변해갔다.

내가 진심으로 강아지를 좋아하니, 로즈는 이 녀석들이 자기 이외에 누굴 이렇게 잘 따르는 모습은 처음이라며 신기해했다. '그런가요' 하며 슬쩍 로즈 얼굴을 보니 장밋빛으로 붉게 물든 로즈는 따스하면서 뭔가 야릇한 표정을 내게 보냈다.

씩씩한 미국 여자이고 심리 상담 비슷한 시간이다 보니 첫날부터 섹스 이야기는 바로 튀어나왔다. 그리고 평생을 거의 자위로 해결한다는 내 말에 처음에는 뻥치지 말라고 웃더니 이야기가 깊어지면서 사실임을 알자 오히려 그쪽에서 날 신기한 추장을 마주하는 듯 좋아했다.

말이 상담이지 장미는 나를 학생처럼 취급했는데 어눌한 내 영어 발음을 교정해 주거나 비즈니스 영어 질문을 해도 흔쾌히 답을 주어 나 역시 로즈가 선생님 같았다. 가끔은 다음 주까지 해오라며 숙제 같은 것도 주었는데 정작 본인은 잊더라도 나는 절대 늦거나 잊는 법 없이 준비를 해가니 장미는 'Wonderful'이라며 만족스러운 얼굴로 날 칭찬해 주었고, 헤어질 때는 여지없이 미국식으로 나를 세게 끌어 안아 주곤 했는데 풍성한 로즈 몸에서 나오는 진한 장미 향기는 날 들뜨게 했다.

늘 농담반 진담 반으로 다음 주 숙제는 실제 여자랑 섹스하는 것이라고 나를 놀렸는데, 내친김에 조루가 있다고 실토하자 빵 터지며 이런 이야기를 자기에게 고백하는 남자는 처음 봤다며 '이 새끼 진짜 희한하네' 하는 눈으로 나에 대한 호기심이 점점 커졌다.

그리고 어느 순간부터 우리는 상담자-내담자가 아닌 친구라는 관계로 로즈는 우리를 설정해 버렸다. 그리고 지금처럼 계속 인생을 살면 여자들이 싫어하고 장가도 못 갈 거라며 지가 말하고 지가 빵 터져 웃더니, 빳빳한 호주 영어랑 다르게 확확 굴러가는 미국식 영어로 내게 조언을 했다.

"Dream, before even purchaing a car, we book a test drive, right?"

(드림, 하물며 차를 사기 전에도 테스트 드라이빙을 하잖아, 맞지?)

섹스를 마치 스포츠나 자동차 운전이랑 비교하면서 결혼 전에 많이 해봐야 한다고 친구로서 인생 조언도 하기 시작했다. 그리고 자기는 상담사 윤리상 내담자랑 그런 관계는 할 수 없으니 안타깝다며 매번 말끝을 흐렸다. 나도 지나가는 말로 듣고 말았는데 상담을 할수록 우리 이야기는 매번 그런 쪽으로만 흘렀다.

하루는 록키가 아프다고 낮에 로즈에게 전화가 왔다. 심한 교통사고 이후로 운전 공포증이 있어서 차를 몰지 못한다고 했고 이때는 우버 따위도 없던 시절이다. 마침 시간이 나서 내 차로 록키를 데리고 근처 병원에 같이 갔고 다행히 별일이 아니라서 우리는 록키를 데리고 다시 로즈네 집으로 돌아왔다.

너무너무 고맙다며 평소에도 헐리웃 액션이 취미인 로즈는 그날따라 부담스러울 정도로 날 안아주고 비비고 난리 부르스였다. 로즈 전화받고 록키랑 듀이, 심바 간식도 몰래 사갔기에 그것도 꺼내서 주자 거의 울음을 터뜨릴 지경으로 눈이 커지고 촉촉하게 젖더니 날 벽에 확 밀치고는 불같이 뜨거운 혀를 마구 뻗어 내 입 속에 미국산 헬리코 박테리아를 쑥쑥 집어넣었다 (한국 사람이 보균자일 확률 75% + 해산물 좋아하는 일본 사람은 80% 이상이니, 하이브리드인 로즈는 95%로 헬리코 균이..ㅜㅜ).

그리고 뭔가를 다짐한 듯한 표정이더니 나를 결연하게 자기 침실로 이끌었다. 집에서 상담을 했기에 대충 오다가다 침실을 본 적은 있지만 이렇게 들어온 것은 처음이다. 평소에 강아지들이랑 함께 침대에서 잔다는 로즈는 개들이 오르고 내리기 편하게 초대형 퀸 사이즈 매트를 바닥에 깔아 두었는데 이불이 온통 개털에 개분비물에 진짜 개판이었다. 여기서 어떻게 사람이 자나 싶을 정도였으니 말이다.

내담자랑 섹스하는 것은 솔직히 내가 두 번째라고 안물안궁 답변을 하더니 능숙하게 내 셔츠를 풀고 바지를 내려 버렸다. 그리고는 날 알몸으로 만들어 그대로 침대로 끌고 내려가 물고 빨면서도 정신없이 로즈도 벗기 시작했다.

내 신경증상 중에 하나로 깔끔병(세척강박)이 있어 지금 이 분위기는 내겐 영 별로였다. 더 큰 문제는 우리가 이렇게 알몸으로 뒤엉키자 록키, 듀이, 심바가 기다렸다는 듯이 침대로 뛰어 올라와 우리 몸을 핥아 주었다. 내 사타구니랑 발바닥을 농락하는 녀석들 강력하고

• **내 사랑 심바**

거친 혀는 사람에게 받을 수 있는 느낌이 아니었고 무엇보다 종(種)을 넘나드는 이런 상황이라니 소스라치게 놀라서 나는 일어나 버렸다.

깔깔대고 웃으며 애들은 사람이 좋아서 이러는 것이니 괜찮다며 록키랑 듀이가 자신 소중한 곳도 마구 핥는 것을 기분 좋게 받아주는 로즈 모습을 보자 나는 도무지 적응할 수가 없어 살짝 씻고 오겠다며 한껏 달아 오른 로즈를 떼어내고 안방 안에 있는 내밀한 화장실로 들어갔다. 그렇게 한숨을 돌리며 화장실 문을 닫으려는 순간 나는 또 한 번 비명을 지를 정도로 놀라운 장면을 보고 만다.

다름 아니라 로즈 칫솔 통에 칫솔이 다섯 개가 꽂혀 있는 것이었다! 한 개는 본인이 쓰고(양보해서 하나 더, 두 개가 로즈 거라고 해도) 그럼 나머지 세 개는 당최 누구 거란 말이냐! 한국, 호주, 미국 국가별로 모은 것인가 뭔가 정신이 혼미했다. 다시 정신을 차리고 자세히 칫솔 끝을 현미경으로 보듯 관찰해 보니 모두 사용 흔적이 있는 것들이었다.

나 말고도 누군가 분명 온다는 빼박 증거가 아니겠는가?

미친 듯이 옷을 입고 그대로 로즈 집을 뛰쳐나온 나는 그 친구 모든 연락처를 차단하고 잠수를 탄다. 그때는 깔끔병이 심해서 그런 상황을 전혀 받아들이지 못할 30대 신경증 환자였기 때문이다.

이 일로 인해서 나는 점점 여자를 봄에 두려움, 질투, 미칠 듯한 흥분이 쉽게 왔고 우사인 볼트에 맞먹는 더욱 빠른 남자가 되어 버렸다. 또한 약해지려던 내 다른 증상들은 남아도는 여유 리비도랑 합해져서 새로운 성도착으로 발전하기 시작했다.

이렇게 조루나 성도착자로 사는 인생은 불편하지만 최악은 아니었다. 어차피 우리는 어느 정도 결핍이 있어야 살 수 있는 것 아닌가? 영원히 충족할 수 없는 소원이 내 마음에 가득해야 이런 글도 나오고 연애도 하며 돈을 벌려는 노력할 테니까.

그래서 한편으로는 이런 증상들이 날 떠나가지 못하도록 유지하고픈 마음도 있고 너무 심각하지 않은 이상 지금처럼 같이 살려고 한다.

> "건강한 사람치고 성도착으로 보이는 행위를 하지 않는 사람은 없다."
>
> -프로이트, 성 일탈, 1914

모두들 사랑하며

시드니에서

• 시드니, 2015

12 짧았던, 서울의 봄

• 프로이트 성격 구조론

드디어 시드니에서도 개봉했고, 12.12에 맞추어 본 영화 <서울의 봄> 리뷰하겠습니다.

프로이트 선생님은 인간 성격 구조를 다음 세 가지로 나눕니다. 바로 그 유명한 원초아, 자아, 초자아입니다. 많이들 아시는 개념이라 간단하게 제가 이해한 수준에서 요약하겠습니다. 늘 원초아, 자아, 초자아 식으로 부르는 이유는 아마도 그들이 탄생한 시간 순서가 큰 형님 원초아부터이고 셋이 가진 힘도 원초아가 가장 강력하기 때문입니다. 그러니 더 정확하게 표현하자면 원초아> 자아> 초자아 이렇게 쓰면 되겠네요.

뇌	마음	영향력	담당분야
악어	원초아	강	기초욕구
말	자아	중	감성/감정
인간	초자아	약	논리/이성

• **실제로는 이렇지 않다지만 앞으로 진행될 논리를 위해 거칠지만 이리 가정하겠습니다.**

원초아, Id는 육체를 가지고 태어나기에 있는 욕구랑 본능 따위를 이야기합니다. 오직 쾌락만을 추구한다는 특징이 있고요. 그렇다 보니 엄청나게 강력한 무뢰한입니다. 주변 상황이나 문명 발전 따위는 안중에 없습니다.

자아, Ego는 〈나〉라고 이야기할 수 있습니다. 현실 사정도 고려하니 지금 당장 끌리는 욕구나 충동을 억제할 줄도 알고 창피함도 아는 신사입니다. 원초아보다 나중에 생긴 작은 형 정도겠네요.

초자아 Super-ego는 벌써 이름에서 풍기는 아우라가 있죠. 양심이고 법으로 보겠습니다. 지저분한 쾌락은 당연히 증오하고 현실 안정도 뛰어넘어 유토피아를 꿈꾸는 이상 끝판왕입니다.

<삼위일체 뇌>이론에서 보면 한 사람 안에는 이렇듯 세 가지 마음이 공존하여 마치 세 가지 뇌가 따로 있는 듯 서로 추구하는 바, 각자 다른 이익을 얻으려고 합니다. 그렇다 보니 갈등이랑 다툼을 피할 수 없습니다.

원초아랑 초자아라는 고래 싸움에 자아라는 새우는 불안하며 갈등을 겪습니다.

이제 영화 이야기를 시작합니다. 영화를 안 보신 분들이라도 대략 전두광(황정민 분)이랑 이태신(정우성 분) 수도경비사령관이 싸우는 내용이라는 정도는 아실 겁니다. 더 크게 보자면 '군바리'랑 '군인'이 싸우는 영화입니다.

군인은 나라 혹은 민족이라는 상징을 위해 자신까지 희생하려는 집단으로, 직업이기도 한 특수한 개인으로 현대 국가가 유지되기 위해서 반드시 필요한 구성 요소로 이태신 장군을 내세웁니다. 이런 군인을 비하하는 단어인 군바리는 사리사욕을 일삼고 허품이 심하며 생김새도 지저분하고 냄새나는 남자로 전두광을 대변하겠지요.

이런 기질이다 보니 전두광이랑 이태신은 영화 시작부터 끝까지 친하게 지낼래야 지낼 수 없는 물이랑 기름이며 태생이 서로를 미워하고 싸울 수밖에 없는, 같이 있으면 대화는커녕 갈등만 일어나고 싸움만 초래하는 사이입니다.

문제는 그 둘 싸움을 불편하게 지켜보아야 하는 우리 관객들입니다. 군장성 출신도 아니고 이미 40년 전에 다 끝난 사건이며 이해 당

• 서울의 봄, 김성수, 2023

사자들도 대부분 죽은 이 시점에 왜 죄 없는 우리 관객들은 철 지난 현대 역사를 지켜보면서 힘들어야 하는지 애석할 따름입니다.

많은 사람들이 이 영화를 보면서 울분을 토하고 스트레스도 받으며 우리 현실에선 어찌해서 늘 전두광이 승리하며 이태신은 비참하게 죽어야 하는지 모르겠다고 비통해합니다. 이쯤 되면 정치 이야기로 빠질 수 있으나 제 개인 역사관이나 정치관은 여기에 넣지 않고 정신분석 관점으로만 보겠습니다.

군바리 전두광은 원초아 그 자체로 욕망만이 가득한 화신입니다. 욕망 충족만 충실히 따르는 강력한 짐승 전두광은 내 안에도 가득합니다. 그렇다고 이태신이라는 초자아가 저에게 없는 것은 아닙니다. 영화를 보는 내내 나는 이태신에 '동일시'합니다.

그러나 이태신이 궁지에 몰리고 초라한 신세가 되면 싹 입장을 바꾸고 혁명군 쪽으로 마음이 갑니다. 남산에 같이 끌려가 고문받고 싶은 마음은 추호도 없기 때문이며, 룸싸롱에서 발렌타인 30년을 마시며 기생들이랑 질펀하게 노는 우리 장군님들이랑 함께 하고 싶은 마음입니다.

이런 얄팍한 나 자신을 보면 토악질이 나오고 영화를 보는 내내 이기는 편 우리 편을 찾아, 여기 섰다 저기 붙었다 뺑뺑이 돌리는 김성수 감독은 관객을 심하게 우롱합니다. 다시 보니 영화는 전두광 vs 이태신(원초아 vs 초자아) 둘이 싸우는 것이 아니고 관객(자아)까지 참전시켜, 셋이 싸우게 만듭니다. 그러니,

이 영화를 보면서 내가 괴로운 이유는 전두광 때문이 아니고 '나' 때문입니다.

영화를 보면 참 꼴같지 않은 똥별들이 나옵니다. 병졸로 군생활을 했기에 장군들을 직접 볼 기회도 적고 이야기해 본 적도 없어 실제 그들 모습이 어떤지는 모릅니다. 확실한 것은 그들 안에도 참된 군인으로서 모습이랑 군바리로서 욕망 둘 다 섞여 있다는 것입니다. 만능키인 '경제학 논리'로 어디에 더 비중이 큰 가 하는 문제만 남을 뿐입니다.

제가 가지고 있는 자존감 근원은 크게 두 가지입니다. 내 노력으로 취득했다고 생각하는 호주 영주권이랑 공인 회계사 자격증입니다. 그래서 저는 제 이름보다는 '회계사'라는 직함으로 불리는 것을 더 좋아합니다. 특히 업무로 만난 사이도 아니고 그럴 장소도 전혀 아님에 누군가 저를 '회계사님~'하고 불러주면 그렇게 기분 좋을 수가 없고 오르가즘을 느낄 정도로 상대가 예쁘게 보입니다.

20대부터 사회생활을 회계사로 시작했으니 20년간 길들여진 제 모습이기에 누가 이런 나를 몰라주거나 서운하게 대하면 화가 나고 그 값을 치르게 해주고 싶습니다.

영화를 보는 내내 지들끼리 '장군님, 사령관님, 총장님 어쩌고~'하는 역겨운 병정놀이를 지켜보는 관객들은 가로롭기만 합니다. 총소리 한 방이면 꼬리가 빠져라 책상에 먼저 숨는 놈들은 애잔하다 못해 귀엽기까지 합니다. 저런 것들이 우릴 지켜주겠다고 하면서 사병들 앞에서 떡하니 폼 잡는 촌극을 보기 위해 우리는 이토록 많은 세금을 내야 하다니요.

영어가 불편하고 회계에 대해서 잘 모르는 할머님이 집안 사정으로 직접 회계사 변호사를 찾아다니며 딱한 사정을 애걸하면, 조금 도와주는 척하다가 수임료도 나올 것이 없고 일만 귀찮아 보이니 냉담한 회계사로 돌변하는 내 모습, 돈 많은 고객들에게는 기생이라도 되어서 장구춤이라도 쳐줄 준비가 되어 있는 내 모습을 감독이 콕콕 찌르는 것 같아 너무 불쾌합니다.

극장에서 영화를 본다는 것은 여러 장점이 있지만 지랄 같은 면도 있습니다. 주변 소음은 그렇다 해도 보면서 마음껏 울거나 내 감정에 몰입하기 힘든 것입니다. 그래도 꾹꾹 참고 참다가 눈물이 터집니다.

이 영화에서 제가 펑펑 운 장면은 바로 위에 〈행주대교 회군〉입니다. 긴급한 상황에 아무 지원 없이 반란군을 막아야 하는 이태신 장

• 서울의 봄, 김성수, 2023

군이 맨 몸으로 특전사 병력을 세우는 씬인데요. 그게 왜 슬프냐고 하실 수 있습니다. 그 장면에서 특전사 운전병이 했던 대사에서 눈물이 왈칵 났습니다. 다리 중간에 누군가 맨 몸으로 막아섰다고 옆 소령에게 보고 하면서 '저, 저.. 투스타인데요' 하는 장면 말입니다.

군인 이태신은 자신이 투스타라는 상징을 여기에 씁니다. 평소에 관직이나 권력을 피해 다니던 이태신이 전체 영화를 통해서 자기 계급을 가장 확실하게 쓰는 장면은 여기 하나입니다. 나 같으면 룸싸롱가서 술 처먹을 때나, 교회 갈 때, 백화점에 뭐 좀 사러 갈 때, 아니면 레스토랑 갈 때 주로 군복에 투스타 달고 갈 것 같은데요. 이태신은 그런 것에 관심이 없습니다.

그가 쫓기고 쫓겨 마지막으로 쓰는 무기는 겨우 남은 투스타라는 그 상징입니다. 군바리들은 그런 상황이라면 오히려 투스타라는 것을 감출텐데 군인 이태신은 반대로 그때 꺼냅니다. 그것이 주는 무게랑 힘은 이태신이라는 남자 한 명이 아니고 수천 명이 따르는 진정한 사령관으로 어마어마한 척력(斥力)을 뿜으며 특전사 여단 한 개를 멈추게 합니다.

직함이란 그럴 때 쓰라고 준 것입니다. 이 새끼들아….

글을 마치겠습니다. 영화는 마냥 진지하기만 한 것은 아닙니다. 하지만 아쉬운 것은 이순자 젊은 얼굴도 모르고 노태우가 대선 후보 시절 매일 쓰던 말투도 모르는 2030 젊은 친구들은 김성수 감독이 심어 놓은 개그 포인트를 모를 수밖에 없어 저 혼자 빵 터져서 웃는 것이 미안했고요.

처음 질문으로 돌아갑니다. 왜 우리 현실에서는 섹시한 초자아인 이태신은 징그러운 원초아인 전두광을 절대 이기지 못할까요? 신이 만들어 놓은 이미 슬픈 운명 때문인가요, 아니면 이태신 한 개인이 가진 역량 부족인가요? 다 틀렸습니다.

밖에서 답을 찾지 마세요. 지금 당신 마음을 들여다보세요. 지금 당신은 자신이 계획한 대로 살고 있습니까? 당신은 아래에서 올라오는 그 강력한 령(靈)을 다스리며 사나요? 성욕을 누르고 내신관리 잘해서 수능 만점 받고 서울대 의대 가서 의사면허 있는 분들 얼마나 있습니까? 더 이상 물어볼 것 없습니다. 본성을 이성이 어찌 이깁니까?

매일 밤 우리 마음속 쿠데타에서 이태신은 단 한 번도 전두광을 이긴 적이 없습니다.

<서울의 봄>은 영화이지만 사실을 기반으로 하기에 보는 내내 짜증이 나고 어차피 전두광이 이긴다는 사실을 모르는 분이 없으니 박진감도 덜해서, 저는 영화 상상력이 많이 들어간 <헌트>가 더 좋았습니다.

마지막으로 정우성 씨에게 묻고 싶습니다.

이번에도 전두광을 처단하지 못하고 말았습니다. 언제

우릴 위해 찬란한 복수를 해주실 건가요?

이 글을 정우성 씨가 볼 일은 없을 테니 혹시 정우성 씨를 직접 아시거나 만나서 인터뷰할 기회가 있는 분은 잊지 마시고 꼭 저 대신 물어봐 주시기 바랍니다.

모두들 사랑하며

이만 총총

• 헌트, 2022, 이정재

사랑이라는 착각

오늘도 도끼맞은 너에게!

13 날 사랑한 식당 직원

• 식당 계산하다 사랑까지 먹는 방법

프로이트 선생님이 1938년에 쓴 <정신분석 치료 기법>을 간단하게 정리하고 바로 야한 글로 넘어가겠습니다. 정신분석을 하는 과정에서 분석가가 환자를 이해하고 다루는 방식이랑 환자로서 지켜야 하는 행동 규약들을 재미있게 서술한 글인데요. 아무래도 쓰다보면 원저작이랑은 조금씩 멀어지기에 더 정확한 내용이 궁금하신 분들은 <정신분석 치료 기법> 논문을 꼭 찾아봐 주세요.

꿈은 정신병이랑 비슷합니다. 그 안에는 불합리, 광기, 환각이 가득하기 때문에, 실제 정신병이랑 일부 차이는 있지만, 꿈을 연구하는 것은 정신병이나 나아가 정신생활을 이해하는 데 쓰입니다. 잠시 프로이트 성격 구조론을 요약해 보겠습니다.

우리 〈자아〉는 이드랑 초자아뿐 아니라 현실 요구가 주는 명령도 들어야 하기에 동시에 세 가지 다른 명령이 〈자아〉

에게 하달됩니다. 이런 복잡한 상황에서 자아가 독립성을 유지하지 못하고 약해지는 것을 신경증이나 히스테리 증상으로 보는데요. 신경증도 중증으로 심해지면 정신병으로 분류가 됩니다. 다시 말해 정신분석 치료란 이런 약해진 자아를 다시 건강하게 만드는 작업입니다.

신경증이랑 정신병 차이 역시 경제학으로 설명합니다. 병증이나 병리학상에서 메커니즘은 그 둘이 아주 비슷하나 이런 증상을 가짐에도 사회생활을 유지하면 신경증이고요, 박살이 나서 도저히 현생활 유지가 안된다면 정신병이겠습니다.

자아가 받는 세 가지 명령 중에 가장 곤혹스러운 요구는 바로 초자아가 보내는 충동일 것입니다. 지금 날 열받게 하는 저 인간을 처죽이라는 것이나 지나가는 아름다운 여인네를 마구 겁탈해 버리라는 전두광 같은 짐승으로 충동 말입니다. 현실 지각을 하는 자아는 이를 거부하고 억누르기 위해 엄청난 에너지를 소비합니다. 그러다 그만 마비되기도 하는데 여기서 끝이 아닙니다. 양심이자 법률인 초자아도 나타나 똑바로 살라고 훈계질을 시작합니다. 이렇게 시달리는 자아는 현실로부터도 떨어져

자신이 만든 내부세계, 정신병으로 진입합니다.

정신분석가들은 이런 내부 갈등으로 초토화된 환자에게 동맹군이 되어서 충동만 가득한 원초아 요구나 너무 엄격

한 양심을 강요하는 초자아로부터 자아를 구해주어야 합니다. 분석과정에서 환자는 아주 정직함으로 자기 생각이나 느끼는 모든 인지, 기억, 비밀 따위를 분석가에게 털어놓아야 하고요. 분석가는 엄격한 비밀을 유지하면서 환자 무의식에서 나온 자료들을 해석하며 얻은 자료들을 환자에게 해석/제공해 주어야 합니다.

분석가랑 환자가 맺는 이런 계약은 마치 신부랑 신도가 나누는 고해성사 서비스랑 비슷해 보이나 다른 점이 있습니다. 분석가는 신부랑 달리 환자가 모르는 부분(무의식 내용)도 이야기해 주어야 합니다.

즉, 분석가들 '지식'으로 환자 '무지'를 깨우치게 돕고 고통받는 환자 <자아>에게 잃어버린 정신영역 지배권을 되찾아 주는 것이 정신분석입니다.

정신분석치료 기본 규칙을 정리해 보겠습니다. 환자는 스스로 관찰을 하면서 나오는 생각, 감각, 기억, 연상, 보이는 것 모두를 가감 없이 말해야 합니다(c.f. 자유연상). 그것이 중요해 보이지 않거나, 불쾌하거나, 예의에 어긋나거나, 심지어 미친 소리 같아도 말입니다. 이렇게 창피함, 양심, 법 따위 모든 검열에서 벗어난 것을 분석가에게 말함으로서 환자 무의식으로 가는 길이 열리며, 지금까지 세상에 고분고분했던 환자는 없어지고 분석가도 예측하지 못하는 놀라운 자료가 무의식에서부터 나옵니다.

이런 자유연상 단계가 끝나면 그다음인 〈전이〉가 시작됩니다. 전이란 환자가 자기 유년기에 중요했던 사람(e.g. 보호자)으로 분석가를 대체하며 그 사람이 지금 자기 앞에 환생한 것처럼 느끼게 됩니다. 이런 감정은 엄청나게 중요하지만 그만큼 위험하기도 합니다. 모든 인간은 부모를 미워하면서 사랑하는 양가감정을 가지고 있기에 환자는 분석가를 사랑하면서 엄청나게 적대시하는 행동도 보입니다.

먼저 분석가를 사랑하는 긍정 전이는 분석치료 상황을 쉽게 만듭니다. 환자는 분석가에게 잘 보이기 위해 분석가가 원하는 것, 부탁하는 치료 과제 등을 성실하게 해냅니다. 환자는 분석가에게 인정받고 싶고 박수받고 싶으며 사랑받기 원하는 행동을 하기 때문입니다.

이런 과정에서 환자는 분석가에게 섹스를 요구하기도 하지만 절대 허락해선 안됩니다. 좋은 의도로 툭 치거나 띄워주는 행동 따위도 아주 조심스럽게 좁은 범위에서만 해야 합니다.

이로써 자아는 다시 강해지고 전이가 일어나지 않았다면 불가능했을 능력을 보입니다. 증상도 멈추며 눈에 띄게 원기를 찾게 됩니다. 전이는 이 말고도 두 가지 장점이 더 있습니다. 바로 잘못되었던 초자아(부모)를 버리고 새로운 초자아(분석가)를 만나 새로운 교육을 받으며 부모가 범했던 잘못된 교육에서 벗어나 성장합니다.

초자아란 법/규범이나 양심을 대변한다고 했는데요. 너무나 엄격한 초자아는 무시무시한 죄의식을 만들고 죄책감을 양산하여 개인을 병들게 합니다. 이런 초자아에 지배당하는 환자는 스스로 불행해지는 것이 소원이며 자신은 힘든 운명을 짊어지고 가기를 원하여 오로지 자기를 벌주고 파괴하다 자살 시도를 하기도 합니다.

그렇기에 분석가는 환자에게 새로운 초자아가 된 이후에 훌륭한 롤모델이나 이상을 심어주려 해서는 안됩니다. 그러면 지나치게 간섭하여 환자 독립성을 망쳤던 지난 부모 실수를 반복하는 것뿐입니다. 예전 종속을 새로운 종속으로 대체해서는 절대 안 되며 환자가 가진 고유한 인격을 존중하여 환자 안에 아이가 올바른 성인으로 자라게 해주어야 합니다. 두 번째 장점은 전이로 인해서 환자 인생에서 너무나 중요했던 기억, 삽화를 발견해 많은 정보를 얻을 수 있다는 것입니다.

전이에서 문제점이 있다고 했는데요. 그것은 바로 환자 부모를 환생시킴으로서 재생산된 양가감정입니다. 긍정 전이가 진행되던 어느 날 환자는 갑자기 분석가를 거부하며 적대시하게 됩니다. 이 또한 과거 부모로 인해 생긴 상처나 추억이 반영되는 과정입니다. 상황이 이렇게 흐르면 치료는 하루아침에 실패할 국면으로 갑니다. 여기서 환자는 지금까지 협조하며 얻은 지식이나 소득, 이해, 치료 효과 따위를 한 번에 모두 버리고 사라지려 합니다.

더 큰 문제로 환자는 전이 상태에 빠져서 어린아이가 된 듯 스스로 판단하지 못하고, 자기를 사랑해 주는 사람을 무차별로 믿으며 이것이 과거 기억이 전이를 통해 현재로 재현된 본능이라는 것을 알지 못하고 새로운 체험이라고 생각합니다.

보통 전이는 분석가를 향한 강한 성욕을 동반하는 경우가 많은데 이것이 진짜 새로운 사랑이라고 믿기에 문제입니다. 분석가가 그것은 사랑이 아닌 전이 과정이라고 현실을 보여준다면 환자 전이는 긍정에서 부정으로 급하게 돌변하며 자신이 모욕을 받은 것이라고 믿고 분석가가 자신에게 사랑이 식었다는 따위로 곡해하면서 분석가를 적으로 대하게 됩니다.

극렬한 긍정 전이로 섹스를 요구하는 환자나 이를 거부당해서 분석가를 증오하는 환자나 분석치료는 위기 상황을 맞습니다. 지금껏 공동으로 작업을 하려는 계약 따위는 이제 아무런 의미가 없게 되었습니다. 치료사는 환자를 위험하게 만든 이런 환영에서 벗어나게 해야 합니다. 그가 지금 믿는 새로운 삶, 새로운 체험이라고 느끼는 이 전이 감정은 환상이라는 것을 계속 교육해야 합니다. 그러니 사랑이던 적개심이던 극단으로 치우치지 않게 분석가는 각별히 신경써야 하죠.

이렇게 위험한 전이지만 세심한 주의를 가지고 잘 다룬다면 큰 보상을 줍니다. 환자는 전이를 통해 실제 자신을 알게 되어 다른 어떤 방식으로 얻은 모든 것보다 강력한 확신을 얻습니다. 가장 바람직한 것은 환자가 전이를 벗어나도 치료 목적에 맞게 행동하는 것입니다. 그리고 비정상 반응은 전이 상황 안에서만 표출하게 하여 자아는 힘이랑 현실에서 영향력을 되찾습니다.

대략 여기까지 정리하고 판타지 글은 아래 시작합니다.

2012년 드디어 시티로 회사를 옮기고 직장인 회계사 생활을 시작했다. 회사에서 샌드위치 등을 먹으며 야근하는 날도 많았지만 일찍

끝나는 날도 혼자 집에서 차려먹는 수고는 즐겁지 못하니 시티 근방 식당에서 해결하고 들어갔다. 이때가 막 〈강남 스타일〉을 필두로 한류가 본격 올라오던 시기라 한식당이 우후죽순처럼 생기던 때였다.

이렇게 너도 나도 돈이 된다고 한식당을 열기 시작했으니 장인이 만드는 정갈한 한식보다는 보기에만 그럴듯한 음식이 나오는 엉터리 식당들이 많았다. 어차피 외국인들은 드라마에서 보기만 했지 진짜 한식 맛은 모르기에 악화가 양화를 구축했다. 열심히 한 그릇을 만들어도 대충 미원 넣고 만든 것이랑 같은 시장 가격이니 음식 수준은 경쟁하듯 떨어져 시티 한식당에 한국인들은 점점 줄고 한류를 찾아온 외국인들만 모이는 장소가 되었다.

이렇게 엉터리 한식이라고 해도 가끔 김치가 생각나는 날에는 찾았다. 어차피 음식 맛은 포기했으니 회사에서 가깝고 새로 생겨서 분위가 그럴싸해 보이는 곳에는 한 번씩 기대를 가지고 가본다. 여기서 기대란 음식에 대한 것도 있지만 외로움을 달래줄 무언가 인연이 있을까 하는 것도 포함이다.

한 주를 마친 금요일 저녁이니 마음 편히 한식을 먹기로 하고 얼마 전에 개업했다는 〈냉동〉이라는 식당을 갔다. 엄청 넓은 층을 통째로 빌려서 식당으로 만들었는데 4인 기준 테이블이 1번부터 30번까지 있고 거진 꽉 찼으니 100명 이상을 한 번에 소화했다. 메뉴가 기본 식사 15불짜리부터 있는데 쓱 둘러보니 마진이 좋은 맥주나 소주도 식탁마다 한 두병씩 올려져 있다.

대략 인당 25불만 잡아도 100명이면 순간 매출은 2천 5백 불이다. 도떼기시장처럼 소란한 장소라서 테이블 회전율도 좋았다. 서녁 여섯 시부터 12시까지 장사를 하면 여섯 시간인데 한 팀이 한 시간을 뭉갰다고 해도 여섯 번을 돌린다. 메뉴를 보니 점심 장사도 하는데, 저녁 장사 반만 번다고 해도 하루 매출이 2만 불 수준이다. 주 5일만 영업해도 1년 50주면 $5m, 50억 매출을 찍으니 기업이라고 불릴 만한 식당이다.

이렇게 정신없는 식당에서 혼자 테이블을 차지하고 먹는 것은 민폐라 마침 할 일 없이 근처에서 어슬렁거리던 친구 천 변호사를 불러 밥을 사주기로 한다. 밥은 대충 먹고 근처 호텔 커피숍에 가자며 지갑을 들고 계산대에 가니 아주 단아한 여직원이 손 빠르게 우리 자리를 확인하고는 영수증을 공손하게 내어 놓는데 그 손목에 찬 낡은 가죽 시계가 내 눈을 확! 사로잡는다.

가슴에 찬 명찰에 "오 현 주"라고 쓰여 있다.

우리 부모님도 장점이 많은 좋은 분들이고 날 사랑하는 마음이야 세상 그 누구도 따라갈 수 없다. 이것은 나도 의식에선 인지하는 바이다. 하지만 아무리 오랜 시절 공들여 쌓은 노력도 이상하게 작은 행동으로 박살 나는 경우는 허다하다. 부모-자식 관계도 이 공식에서 예외는 아니다.

공부 못하는 아들들을 용서할 수 없던 아버지에게 잔인하게 처벌받던 내 유년시절로, 아버지는 내 무의식에서는 지독한 폭군이며 두

려움, 공포 따위를 상징한다. 이런 폭력에 늘 굴복해야 했던 나는 그런 비슷한 상황이 되면 너무나 무기력해지거나 짜증을 내며 급발진해 주변을 싸하게 만든다.

거칠고 투박했던 외할머니 모습에 너무도 힘들었다던 엄마는 반대로 화려한 여성이 되기로 한다. 강서구에서 세련됨으로 일등 하는 것이 인생 목표였던 당신은 자타공인 우아하고 멋진 여성이지만 그런 과도한 화려함이 나는 불편했다. 더구나 내가 사회생활을 하고 돈을 벌면서 엄마 그 화려함을 유지하기 위해 지불해야 했던 cost는 컸다. 엄마부터 이러시니 우리 집안은 내게 돈을 빌리는 것을 창피해하거나 어색해하지 않는다. 가끔 뉴스 유명인들이 부모나 형제로부터 돈을 뜯기는 기사를 보면 그 고단함이 어떨지 측은하다.

이렇다 보니 늘 부모님을 그리워하고 좋아하지만 진심으로 그들을 증오하는 양가감정에 나는 초주검이 되도록 시달린다. 겉으로는

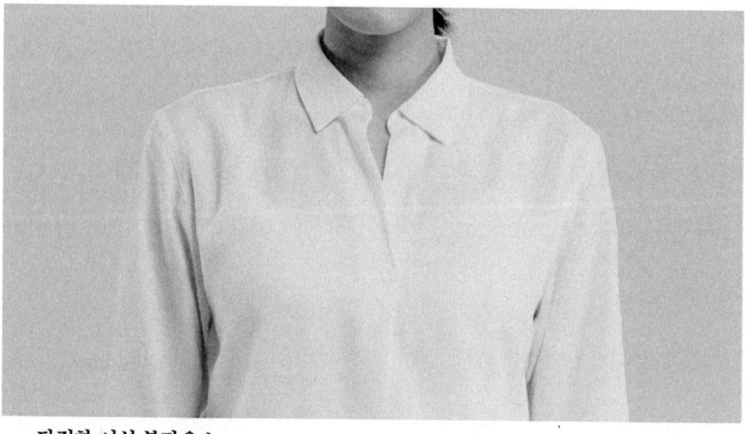

• **단정한 여성 블라우스**

웃고 있지만 마음 속 상처랑 현실에서 날아오는 영수증을 대납하면서 흘리는 피눈물로 가슴은 늘 멍이고 피자욱이 마르지 않는다. 자식이니 당연한 것 아니냐는 일부 삼촌들 호통이랑 자식 된 죄가 어찌 이렇게 가혹하냐는 울분은 이태신이랑 전두광 모습으로 나타나 내 속에서 매일 밤 치열하게 싸운다.

이렇다 보니 나는 아버지를 피해 전혀 폭력성이 없고 엄마랑 다르게 지독히 검소한 여자에게도 끌렸다(여자에게 끌리는 이유가 참으로 다양하다). 그래서 열심히 일하는 현주 모습이랑 손때가 묻고 줄이 해진 손목시계, 아무런 치장이 없는 깨끗한 손톱 따위가 너무나 섹시했다.

계산을 하면서 내 옆에선 천 변호사에게 슬쩍 눈치를 주고는 마치 아는 사이처럼

"현주 씨, 너무 잘 먹었어요~"

하고 너스레를 떨자 순간 화사하게 웃음을 띠면서

"맛있게 드셨다니 기쁩니다^^"

하며 고맙게도 화답을 하니 우리는 진짜로 친한 사이가 되어 버렸다. 그렇다고 첫날부터 무리하고 싶지는 않아서 주접을 떨려고 준비하는 천변 등을 떠밀어 나갔고 일주일에 두어번은 꼭 방문했다. 거의 매번 내 계산서를 처리해 주는 현주랑은 자연스레 이런저런 이야기를 하며 결국 내 회사 명함까지 주었다.

문제는 이 여자를 어떻게 가게 밖으로 끄집어내느냐 하는 것이었다. 고민 끝에 영어 공부를 미끼로 던져보았다. 영어를 모국어처럼 하는 천변이 마침 오지랖으로 무료 영어 과외 모임 따위를 했는데 그것을 이용해 보기로 했다.

호주에 살면서 영어 공부 부족함을 느끼지 않는 사람은 없을 터이고, 식당에서 죽어라 일만 하는 현주이니 무료라는 옵션은 충분히 통하리라. 역시나 금요일 저녁 식사를 마치고 눈치를 보면서 계산대에 가니 마침 다른 직원들은 없고 현주만 날 웃으며 기다리고 있다.

"현주 씨, 잘 먹었어요~ 오늘은 더 화사해 보이네요^^"

주로 개저씨들이 하는 멘트로 나는 곧 죽어도 절대로 여자에게 예쁘다, 날씬하다, 살이 빠졌네 이런 인물평은 안 하는데 이날은 모 아니면 도라고 생각이 들어 평소 안 하던 수작을 해보았다. 내 말에 손으로 입을 가리고 고개를 반쯤 숙이고는 큭큭 웃더니 이내 내가 기

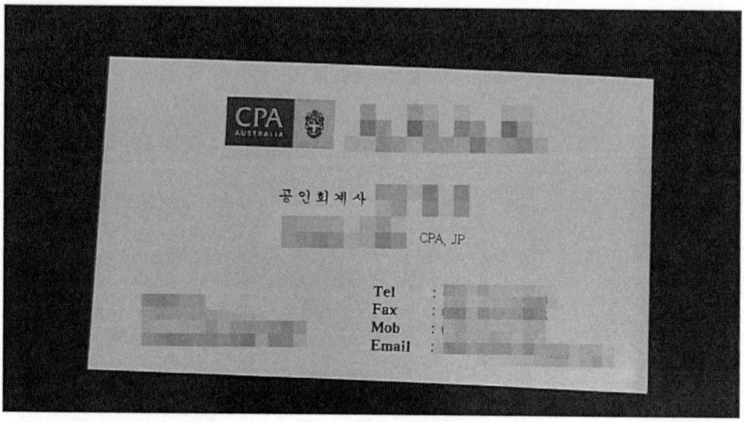

절할 말을 차근차근한다.

"감사합니다. 하지만 저는 회계사님에 대해서 아무것도 몰라요."

이 말을 듣는 순간 내 눈이랑 귀에서 화려한 폭죽이 펑펑 터지는 환영을 본다. 사람마다 성감대가 있을 진데 늘 자아가 빈약한 나는 누가 업무 외에서 "회계사님"이라고 불러는 주는 것에 강력한 오르가즘을 느꼈다. 그렇게 불러주면 지난 내 찌질한 과거, 진짜 내 모습은 버리고 내가 만든 이상형, 존재하지 않는 가면이 내 모습이 맞다고 공인해 주는 느낌이 들었다.

그렇게 불러달라고 부탁한 적도 없는데다 현주 앞에서 시범 케이스로 "회계사님~"이라고 누가 날 부르는 것을 본 적도 없으면서 어찌 이리 센스가 넘치는지, 우리 현주는 알아서 그렇게 날 불렀으니 그 한마디에 나는 흠뻑 빠지고 말았다.

• The Daily Telegraph, Future of 'tired, outdated' Darling Harbour revealed

천 변호사 무료 영어 강좌에 초대했더니 현주는 웃으며 꼭 가고 싶다고 자기도 불러달라고 하니 옳거니 걸렸구나. 내친김에 모레 일요일에 달링하버에서 약속을 정하고 내가 보는 앞에서 빨리 나에게 전화 걸어 번호를 남기라 해 우리는 그날부터 연락하는 사이가 되었다.

호칭은 현주 씨랑 회계사님을 유지했으나 문자 내용은 꿀이 뚝뚝 떨어졌고 이 관계를 잘 이어나가 침대에서도 존댓말 하며 마구 섹스하는 상상을 매일 했다. 특히 현주가 알몸으로 얄팍한 내 등에 매달려, 강력한 10초 공격에 어쩌지 못해 헉헉거리며 "회계사님~ 회계사님~" 숨넘어가는 단아한 목소리를 듣는 것이 다음 목표가 되었다.

상황을 대충 정리해서 천 변에게 이야기하니, '니는 키 큰 변호사 좋아한다 아이가?' 하면서 내가 진지하게 현주를 좋아하는 모습에 갸우뚱했다. 그도 그럴 것이 머리통은 큰 데 비해 학벌이 빈약하고 키가 작은 나로서는 그에 대한 보상 심리인지 키가 큰 변호사나 치과의사 여자들에게 주로 들이대곤 했던 것을 천 변은 옆에서 보아 알던 것이다.

평소 보상 심리로 이상형을 만들어 놓고는 들이대고 차이고를 반복하던 내 슬픈 운명에 현주는 치료자였다. 키가 크고 학벌이 좋은 여자가 내게 주던 환상에서 현주가 날 꺼내준 것이다. 나 스스로는 나오지 못했던 그 지독한 늪에 이렇듯 현주가 나타나 손을 내려주고 잡아 올려주니 그는 내게 사랑스러운 천사였고 새로운 희망이었다.

첫날 현주는 친구랑 둘이 와서 천 변이랑 우리 넷은 만났다. 친구는 자연스레 천 변이 알아서 대응해주고 나는 현주랑 신나게 이야기하며 달링하버 커피숍에서 놀았다. 평소 둘이 있을 때는 그렇게 질척이며 귀찮던 천 변 주책은 그날따라 나를 더욱 빛나게 해주는 도구로 쓰였다. 천 변이 옆에서 하도 주접을 떠니 나는 가만히 있어도 알아서 멋진 이미지가 더해져 갔다.

그리고 그런 나를 사랑스럽게 보는 현주랑 그런 남자를 알고 있는 현주가 부럽다는 듯한 눈으로 바라보는 현주 친구, 또 이런 좌중을 웃겼다 울렸다 하는 내 개그에 늘 마지막 주인공으로 추대받는 현주는 완전히 공주가 되어서 유학 생활 최고로 행복한 시간을 보내게 해 주었다.

현주는 다 좋은데 매번 나를 만나러 오는 시간에 30~40분씩 꼭 늦었다. 피곤한 유학생 삶을 겪은 나이기에 가게 일이 늘 정시에 끝나지도 않을뿐더러 나에게 잘 보이겠다고 일 마치고 음식 냄새 지우려고 곱게 씻고 단장하다 늦었다는 말에 참았다. 그럴 수도 있지 싶었다.

그나저나 이렇게 감정 진도는 나가는데 왜 육체 진도는 못 빼냐며 아래에서 올라오는 령(靈)이 난리를 쳤다. 현주는 원래 너무 수줍음이 많아 가벼운 터치나 키스를 전혀 배우지 못한 여자 같았다. 더구나 틈도 일절 주지 않는 원리 규범에 철저한 바른 생활자라서 내 애간장을 태웠다. 이런 조신한 여성이 또 침대에서는 큰 반전을 줄 거라는 말로 령을 달래고 참으며 시간이 갔다.

영어 과외는 결국 흐지부지되었고 남는 것은 나랑 현주 둘이었다.

그리고 하루는 데이트 끝에 나도 모르게 불평이 터져 나왔다. 그날은 매사에 심통이 나서 툴툴거리고 어린아이가 엄마에게 칭얼거리듯이 짜증을 내자 어쩔 바를 모르던 현주가 울상이 되어서 불쌍하게 내 눈치만 보며 한껏 주눅이 들어했다. 그 모습을 보자 미안해진 나는 마음이 조금 누그러들면서 사고를 친다.

"현주 씨랑 쎄게 자고 싶어요..."

"..."

엿댓다를 속으로 씨불이며 현주 눈치를 살피니 내 예상이랑은 다르게 현주는 너무도 담담하게 고개를 숙이고 말이 없다. 설마 못 들었나 싶어서 다시 말해야 하나, 아 모양 빠져 죽겠네 이런 생각을 하고 있는데 무겁게 현주가 입을 연다.

"회계사님…. 죄송해요. 저는 그럴 수가 없어요."

엥? 이런 상황에서 좋다, 싫다가 아니고 그럴 수가 없다니, 전혀 상상하지 못한 대답이 나왔다. 긴 이야기인데 현주 개인사를 다 공개할 수는 없어 결론만 이야기하자면 현주는 지금 〈냉동〉이라는 회사에 사업자 비자로 묶여있는 상황으로 그곳에서 호주 부족 직업군 비자를 신청해 놓은 상황이었다.

회사 통해 비자 신청한 거랑 섹스 못하는 거랑 무슨 상관임? 상관이 있다. 바로 그 식당 사장 강간춘 회장 때문이었다. 졸부로 넘쳐나는 돈을 어찌할 바를 모르던 강사장은 자기 회사 여직원들에게 손을 대기 시작했고 너무나 착실하고 순결해 보이는 현주를 지독하게 사모했으나, 도저히 씨가 먹히지 않자, 비자를 해준다는 명목으로 꾀어서 현주에게 지옥을 만들어 주고 본인은 그곳에서 지옥왕 행세를 했다.

강회장은 돈을 벌자 시티 한인 식당협회에 회장도 되어서 관련 일도 하고 이런저런 모임에 얼굴도 비추면서 폼을 잡고 다녔고 현주는 강회장 노리개처럼 계속 농락당했다. 〈냉동〉에서도 그 둘이 그런 사이라는 것은 나만 빼고 다 알았다. 자주 갔지만 직원은 아니니 나만 모를 수밖에...

내 얼굴은 모르지만 현주에게 남자가 생겼다는 것을 안 강회장은 현주가 나를 만나러 나가는 날이면 늘 현주를 불러서 한번 강간하고 보냈다. 날 만나러 간다는 상상에 발동한 질투심은 강회장을 더욱 흥분시켰고 약속 시간에 늦어서 어쩔 줄 모르는 현주 모습에는 내 모습도 녹아 있으니 강회장은 그렇게 나랑 현주를 동시에 겁탈하고 그런 날이면 일부러 피임 기구도 하지 않고 보드라운 현주 몸 안에 그 더러운 씨를 마구 뿌리고 내게 보냈다.

그러니 현주는 미안함에 나랑 키스를 할 수도 잠자리를 할 수도 없었다. 평소 말투나 자신을 대하는 행동으로 보아 현주 초자아는 내 것보다 엄격했을 것이고, 겁탈을 당한 것이 자기 잘못이 아님에도 현주는 자기 자신을 모질게 질책하며 슬픈 운명이라고 받아들이니 어디 신고하거나 복수할 생각은 꿈도 꾸지 않았다. 이렇게 착한 여자를 농락하다니, 강회장에 대한 증오로 나는 부르르 주먹이 떨려 왔다.

호주 이민자 속담에 회계사가 뚜껑이 열리면 오페라 하우스 타일에 서리가 내린다는 말이 있다. 나는 강회장에게 복수하기로 다짐한다. 우선 현주를 안전한 곳으로 피신시켜야 했다. 마침 슬리퍼 공장을 하시는 손사장님이 회사 장부를 정리할 여직원을 찾는다고 해서 둘을 소개해 주었다. 여기도 사이즈가 있는 곳이라 직원 한 명 비자 스폰서는 문제없었고 까칠한 성격이지만 여직원이 아무리 어여쁘다고 공과 사를 구분 못하는 손사장은 아니기에 마음 놓고 일을 진행했다.

다음으로 얼마큼 센 강도랑 횟수로 복수를 해야 하나 계산해 보았다. 미국 형법에서는 납치-구금-강간한 사례로 형량을 계산할 때 구금 기간 동안 당한 횟수를 하나하나 따져 복리로 계산해서 다스린다는 기사를 본 기억이 났다. 그래서 나는 현주가 스폰서 비자를 신청한 날부터 오늘까지 일주일에 두 번 꼴로 계산해서 강회장에게 당한 횟수를 산출해 내어 징역 육백 육십육 년을 내리기로 했다. 악마에게 딱 맞는 숫자이다.

물론 나는 형을 집행할 권한도 능력도 없으니 다른 방식으로 그 육백 년짜리 지옥을 만들어 주기로 한다. 바로 치열한 세무 감사(監査) 등을 선사하는 것이다. 나야 밥 먹고 하는 일이 감사하고 감사받는 것이지만 보통 사람은 살면서 한 번 겪을까 말까 한 일이라 실제로 당하면 머리 빠지고 잠 못 자는 고통임을 너무도 잘 알았다.

하루가 10년 같을 감사(監査) 지옥을 경험하게 해 주마.

여러분이 지금 경찰서에 전화를 걸어서 '여기 사기꾼 나쁜 놈이 있어요!' 하면 수화기 뒤에서 뭐라고 할까? '관할서에 가셔서 접수하세요'라고 할 것이다. 호주라고 다를 것이 없다. 호주 국세청에 전화해서 '<냉동>이라는 회사를 감사(audit)해 주세요'라고 하면 바로 끊을 것이다.

하지만 '여기 살인이 났어요. 살려주세요!' 한마디만 하고 전화기를 끊으면 그때부터는 위치 추적이 시작되면서 신고를 받은 경찰은 상부에 보고하여 경찰은 무조건 움직여야 하는 엄중한 행정상 절차가 있다.

이런 일도 마찬가지다. 호주 국세청에서도 특정 보고에 대해서는 추가 증거가 없더라도, 신고만으로 무조건 착수해야 하는 중대 사안이 몇 가지 있다. 그리고 나는 그런 부서를 정확하게 알고 있다. 에둘러 돌아가는 길이 아니고 신고 시 바로 국세청 감사과 직원이 출동하는 루트 말이다.

아무리 그렇다고 해도 〈냉동〉이랑 강회장에 대해서 알 필요가 있다. 그래서 고심 끝에 나는 CPA선배를 통해 한인 식당 협회에 외부감사자로 자원봉사를 시작했다. 보통 할 일 없는 회계사들이나 협회에서 고객을 만들어 보려는 회계사들이 지원하기 마련인데 그나마도 늘 지원자 없는 자리다. 전화 한두통 돌리고 기다리니 곧바로 강회장에게 연락이 왔다.

"아이고 회계사님, 감사합니다. 우리 한인 식당 사업자들에게 큰 힘이 될 것 같습니다."

별말씀을요. 넌 이제 지금까지 겪지 못한 길을 가게 될 거야. 뭘 좋아할지 몰라 다양하게 준비했어.

세무 감사

연금 감사

보험 감사

위생 감사

그렇게 해서 한인 식당 사업자들 모임에 발을 들이게 되고 강회장을 비롯해서 다양한 꼰대들을 알게 된다. 공짜 회계 자문을 구했다고 다들 좋아서 나를 대접했고 나는 강회장 옆 상석에 앉아 그에게 다양한 이야기를 들었다. 다 쓸데없는 지 자랑인데 내가 싹싹해 보였는지 자기 회계사에게 하지 못한 이야기를 털어놓기 시작했다.

이건 강회장뿐 아니라 어딜 가도 내가 회계사라고 인사하면 대뜸 '저 하나 궁금한 게 있는데요….'라면서 생면부지인 나에게 개인 신상이랑 세무 정보를 고해성사하기 일쑤이다. 그게 얼마나 위험한 것인지 강회장도 몰랐을 것이다. 강회장이 궁금해하는 것을 답해주는 과정에서 내가 궁금한 것도 몇 가지 티 나지 않게 물었고 그로 인해 나는 충분한 단서를 얻었다.

우선 국세청 산하 현금 탈세 추적반에 연락을 했다. 여기는 상황을 봐서 감사를 나오기에 전화만 가지고는 힘들어 자세한 정황을 말해주어야 했다. 내가 〈냉동〉 재무제표를 본 적도 없고 현금을 얼마나 버는지 그중에 얼마를 입금하고 세금 신고하는지는 모르지만 강 회장을 통해서 대략 누락 상황을 알고 있어서 귀띔해 주자 감사 거리로 충분하다며 국세청은 일을 시작했다. 나는 공익제보자로 신고하여 내 신상이나 정보 제공에 대한 경로는 철저하게 비밀로 보장받는다.

다음으로는 연금 회사랑 산재 보험 쪽에도 연락을 했다. 이렇게 유대인들이 만든 회삿돈에 손을 댄다는 것은 후폭풍이 엄청났다. 공기관은 감사 자료를 5년 치 요구하지만 보험회사는 7년 치를 턴다. 그만큼 살벌한 감사로, 사기업 감사이지만 한 개인을 쉽게 파산시키는 막강한 집단이다. 문제는 이쪽은 당사자인 직원이 직접 신청을 해야 했다. 그만할까 하다가 아니지 아직 징역 육백 년을 채우려면 두 개 정도는 더 맛을 보셔야지 하는 생각에 마음을 고쳐 먹었다.

우리 CPA들은 회계 법인뿐 아니라 다양한 곳에 퍼져있다. 육사 나왔다고 모두 장군이 되는 것이 아닌 것처럼 회계학과를 졸업했다고 다 CPA가 되는 것도 아니니 졸업하고 다른 분야에서 일하는 친구들도 많았다. 대철이라는 대학 후배는 내가 유학생 때 같은 식당에서 알바를 했는데 녀석은 영주권 받는 것까지만 회계학을 사용하고 요리사 일이 마음에 든다며 그곳에서 계속 일해 지금은 나보다 돈도 더 잘 버는 주방장이 된 친구였다.

식당 쪽에 아는 사람이 없는 나는 대철이가 순간 떠올랐다. 좁은 바닥이라 냉동인지 해동인지 전자렌지 넣고 계속 돌리다 보면 뭔가 튀어나올 것 같은 느낌에 연락을 했다.

"잘 지내지? 혹시 <냉동> 쪽에 한 번이라도 일했던 사람 있으면 연락처 좀 알자."

"냉동이요? 예전 제가 가르친 후배가 거기 잠시 주방장 했는데요. 걔 지금 한국 갔어요."

"응, 괜찮아. 한국에서도 감사 진행 가능해."

"감사요?"

"아… 아니…. 연락처 주면 감사하겠다고…."

"아, 예. 이메일 같은 거 있을 거예요."

요즘은 인터넷으로도 다 증거 접수를 하고 연락을 주고받으니 한국에 있다고 해서 문제 될 것은 없다. '대철이 후배에게 연락을 해, 나도 대략 냉동 피해자 코스프레를 하면서 냉동 쪽에서 일하면서 다쳤거나, 최저 시급을 못 받은 경우, 연금을 지급하지 않은 경우가 있으면 도와주겠다고' 했더니 덥석 있다고 했다. 어차피 내가 고생해서 쌩돈을 준다는데 거절할 사람이 있겠는가?

내친김에 냉동 주방장에게 지금 연락이 닿는 다른 직원들도 모두 규합하자고 하니 순식간에 단톡방이 생겨서 20명 가까운 피해 직원들이 모였고 부당한 처우나 급여 미지급 비위생에 관한 사연까지 모두 긁어모았다. 가령 주방에서 실수로 간장병을 쏟은 직원은 강회장에게 쌍욕을 듣고 그 지시로 쓰레받기로 바닥에 쏟은 간장을 다시 담아서 병에 넣는 인륜을 저버린 행태 따위 말이다. 모든 것을 요약 정리하여 개인 서명을 받아 주방장을 시켜 보험 회사에 일괄로 보냈다.

한꺼번에 이렇게 많은 감사가, 그것도 서로 관련 없는 부서에서 각각 들이닥치니 아무리 돈이 있는 강회장도 그 막대한 스트레스랑 업무량을 감당하기 힘들었고 강회장이 쓰는 시내 회계법인에서 일하는 CPA후배를 통해 냉동은 결국 파산 절차를 밟고 있다고 들었다. 내용이 악질이고 사건 규모도 있어서 호주 세무사 협회 Media releases에도 올라왔다. 직원들 급여랑 연금을 떼먹다 파산한 Korean restaurant 이야기였다.

악인은 그렇게 갔다. 그럼 현주는 어떻게 되었을까? 애석하게도 현주는 슬리퍼 공장에서 만난 호주 남자랑 결혼하여 나랑은 완전히

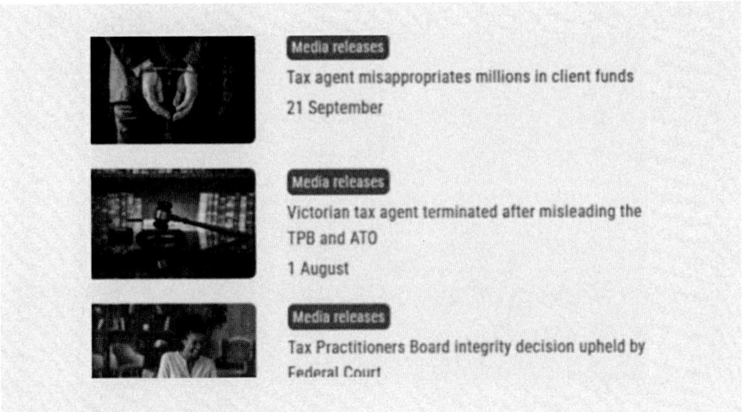

• TAX PRACTITIONERS BOARD

연락을 끊고 사라졌다. 서운하기도 했지만 한편으론 이해도 갔다. 현주에게 잊고 싶은 과거에 하필이면 나도 함께 쓸려 나간 것이라고 생각한다. 그렇게라도 해서 그 지독한 상처에서 벗어날 수 있다면 그것으로 나는 만족한다.

한때 나를 진심 어린 목소리로 '회계사님~'이라고 불러 주던 현주의 웃는 모습이 떠올라 이렇게 한자 남긴다.

<오징어 게임>이랑 <부당거래>에서 일부 대사랑 상황을 오마주 했고요. <서울의 봄>에서 하나회 인맥이 어디나 깔려서 작당하는 모습에 착안해 CPA 인맥을 활용하는 것으로 그려보았습니다.

강회장 이름은 오원춘에서 일부를 썼고, 여주인공은 현주로 써 보았습니다.

모두들 사랑하며

시드니에서

오늘도 도끼맞은 너에게!

사랑이라는 착각

오늘도 도끼맞은 너에게!

14 내가 사랑한 여배우

• 호주에서 올리는 이은주 추모제

이은주라는 배우를 처음 알게 된 것은 우울했던 내 유학생활 어느 하숙집에서였다. 학교를 가지 않으면 알바를 했기에 쉬는 날이라는 것이 거의 없는 내 삶에 무슨 일로 쉬는 날이 찾아왔고 그날따라 북적이던 하숙집도 조용해 문득 거실에 놓인 비디오 꾸러미를 보았다. 그곳에는 허름한 재생용 비디오테이프로 녹화된 〈번지 점프를 하다〉라는 영화가 있어 그것이 이은주를 처음 보게 된 날이다. 이렇게 우연히 보았던 영화는 정말로 아름다웠다. 극 중 주인공 서인호랑 인태희 이름을 지금까지 기억할 정도로 좋아했고 글도 몇 편 썼다. 그리고 영화를 만든 김대승 감독이나 각본을 쓴 고은님은 어떤 동기로 시나리오를 시작하게 되었을까 하는 계기도 나름 상상하곤 했다. 이렇듯 그때는 이은주라는 배우를 좋아하는 것은 그 영화를 좋아하는 것에 연장이었다.

물론 그 후로도 이은주를 좋아했다. 그래서 이은주가 나오는 영화라면 일부러 찾아보았지만 상당수는 '이은주' 말고는 크게 건질 것이 없는 범작이거나 심하게는 졸작에 가까워 아쉬웠다. 특히 변혁이 만든 〈주홍글씨〉라는 영화는 엉망진창에 오지게 재미도 없는데, 이은주를 그렇게 소비한다는 것에 치가 떨렸다. 그리고 시간이 흘러 그 유학생은 졸업을 하고 직장을 갖게 되었으나 이런저런 이유로 홀로 지내며 척박한 이민자 삶을 보내는 중이었다. 그렇게 우울하게 지내던 2013년 어느 날 홍상수 감독이 만든 〈오! 수정〉을 보게 된다. 홍상수라는 거장이 만든 영화에 이은주가 나왔으니, 사실은 큰 기대 없이 영화를 재생했다가 받게 된 그 감동이랑 영광은 이루 말로 할 수가 없었다. 이것은 비단 나 혼자 생각은 아닌 것이, 2001년 동아 신춘문예에 영화평론 부분 대상이 바로 〈오! 수정〉이라 많은 이들이 그렇게 느꼈다는 반증이다. 이런 일들이 반복이 되자 이은주가 내 삶에 들어오기 시작한다. 미처 보지 못했던 이은주 영화들을 다시 구해보기 시작했고 오래전 사진들, 지나간 신문기사들까지 구태여 찾아보기 시작했다. 여기까지는 누구나 할 수 있는 단순한 호기심 내지 관심표현일 것이다. 하지만 진공 포장 속 같이 조용한 내 삶에 따스한 미소를 보내주는 이은주라는 배우는 거기서 멈추지 않았다. 이제는 폐허가 된 이은주 카페를 찾아 가입하고는 홀로 늦은 열성팬 활동을 시작하거나 10년도 더 지난 시답지 않은 기사에서 이은주를 기어이 찾아내어 아무도 읽지 않을 아련한 댓글을 그 아래 쓰고 있다.

보낸 사람: 드림

받는 사람 : ♡이은주사랑 팬클럽 카페♡ 운영자

날짜: 2015년 2월 10일 화요일, 11시 22분 04초 +0900

제목: 호주에서 온 편지

운영자님 안녕하세요? 호주에 있는 은주 씨 팬입니다. 이제는 카페가 예전 같지는 않지만 그래도 누군가 나랑 같은 생각을 하고 움직이고 있다는 느낌 때문이랄까요? 10주기 행사를 준비하신다니 반가운 소식 고맙고요. 호주에 있어서 찾아뵙기 힘들 것 같아 무척 아쉽네요.

은주 씨 생각하면서 가끔 카페에 글을 올리는데 그래도 읽어 주시는 분들도 있고 해서 그곳에 정이 참 많이 가요. 오래 가입해서 활동한 회원은 아니지만 늘 은주 씨 위해 기도합니다. 은주 씨를 위한 수고 감사하고요. 추운데 고생하시는 것 도움 될 것이 없어 죄송하기도 합니다.

호주에서.

추신. 은주 씨 글을 보려면 등급을 올려야 하는데, 어떻게 해야 하는지 조언 주시면 감사하겠습니다.

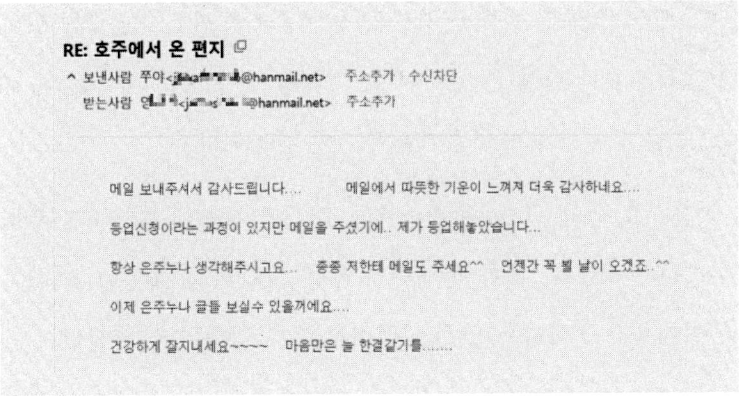

RE: 호주에서 온 편지

^ 보낸사람 쭈아<[redacted]@hanmail.net> 주소추가 | 수신차단

받는사람 [redacted]<[redacted]@hanmail.net> 주소추가

메일 보내주셔서 감사드립니다.... 메일에서 따뜻한 기운이 느껴져 더욱 감사하네요....

등업신청이라는 과정이 있지만 메일을 주셨기에.. 제가 등업해놓았습니다...

항상 은주누나 생각해주시고요... 종종 저한테 메일도 주세요^^ 언젠간 꼭 볼 날이 오겠죠..^^

이제 은주누나 글들 보실수 있을꺼에요....

건강하게 잘지내세요~~~~ 마음만은 늘 한결같기를......

카페에는 이은주가 팬들에게 직접 쓴 글을 모아 놓은 공간이 있는데 일정 권한 이상 회원들만 볼 수 있으며 등급 설정은 운영자만 가능하다기에 언제 마지막으로 방문했을지도 모를 운영자에게 간곡하게 이메일을 보냈고 혹시나 하는 마음으로 기다렸다. 그리곤 몇 주 후에 등급을 올렸다는 반가운 회신을 받았다. 하지만 막상 이은주가 카페에 남긴 지난 글들을 보자 슬픔이랑 기쁨 두 가지 양가감정이 쎄게 올라와 다시 쓸쓸하게 되었다.

대개 열혈 팬들이 그렇겠지만 어떤 배우나 가수 등 흔히들 말하는 스타라는 사람이 나만이 가지고 있는 (그 특수한) 내 상처를 어루만져 주고 그로 인해 기쁨이나 회복을 내가 느끼게 되면 그때부터 그들은 단순한 스크린 속 영웅이 아니고 내 삶에 거대한 영향력을 주는 구세주로 변하고 만다. 이은주가 지금 그렇다. 이런 날 보고 후배들은 이야기한다. 다 늙어서 무슨 사생팬처럼 그러냐고. 더구나 벌써 10년 가까이 지난 배우 이야기를 이제야 마치 새로운 것처럼 들고 나와서는 말이지….

하지만 외로움은 나이에 상관없이 누구나 느끼듯 이은주를 향한 내 팬심은 10대 학생들이 보여주는 것이랑 별반 다를 것이 없다. 사랑스러운 사람을 보면 가슴이 뛰는 것은 본능이니까.

이은주로 인해 난 요즘 행복하다. 하지만 동시에 순간순간 무척이나 혼란스럽다. 그가 존재하지 않는 사람이기 때문이다. 어차피 여배우를 좋아하는 일은 이루어질 수도 없을뿐더러, 살면서 만날 일도 없기에 무의식이 만들어낸 내 감정은 영화 속에서 움직이고 있는 그가 꼭 어디선가 살고 있을 거라는 심한 착각을 만든다. 내 감성은 언제나 이성을 이기기에 세상에서 죽었다 말하고 모두가 인정하는 그 죽음이 내게는 도무지 현실이 되지 못한다. 그리고 한동안 잊고 지냈던 '죽음'이라는 단어가 이은주로 인해 새롭게 각인되고 있다. 죽음이 무섭거나 슬프지 않게 되려고 한다. 이은주도 마주했던 죽음이라 생각하니 측은하며 애달프기 그지없다.

자유로에 청아 공원이라는 곳이 있단다. 납골당 같은 곳인가 보다. 이제 이은주는 그곳에 영원히 잠들어 있다고 하는데 그 설명을 읽고 다시 사진을 보니 정말로 그 죽음이 조금씩 현실로 느껴지고 숨이 막힐 정도로 애통하기 짝이 없다. 난 사랑을 할 수 없는 사람이며 이런 상황은 쉽게 사라지지 않는다는 것을 알기에 이은주를 좋아하는 이 마음이 단순 팬심이 아니라 진짜로 연인을 사랑하는(짝사랑

• **번지점프를 하다, 김대승, 2001**

일지라도) 마음이라고 해도 크게 문제가 없을 듯하다. 어차피 아무 일도 일어나지 않는 내 삶이기에… 이렇게라도 누군가에게 위로받을 수 있다는 것만으로도 내게는 큰 영광이고 행복이다. 이은주는 지금 내게 그런 위안을 주고 있다. 죽은 이은주가 산 나를 살리고 있는 것이다.

팬으로서 그리고 동시대를 살았던 사람으로 1980년 생이라는 그 아름다운 배우의 이력서 첫 줄을 보는 것만으로도 가슴이 너무 벅차고 24세라는 그 다음 설명에서는 이루 말로 설명할 수 없는 슬픔이 밀려온다. 이제 그 육신은 하나도 남김없이 분해되었으며, 그 사람 시계는 마치 그 웃음처럼 멈춰 버리고 말았으나 내게 이렇듯 큰 위안과 사랑을 준다니 현대 종교도 하지 못한 일을 이은주가 내게 해주고 있다. 그러니 이은주는 지금 내게 성스런 종교요, 사랑스러운 애인이며 귀여운 동생이고 착한 친구이다. 이은주로 인해서 내 삶이 조금은 덜 타락하고 착하게 변하려고 까지 한다.

나를 위해선, 이런 행복한 마음이랑 기쁨이 사진 속 이은주 웃음처

출생	1980년 12월 22일 전라북도 군산시 월명동
사망	2005년 2월 22일 (향년 24세)

• namu.wiki/w/이은주(배우)

럼 오래가기를 바라고, 그를 위해선 신에게 기도를 한다. 기독교에서 용납하지 않는 자살을 했기에 죽어서도 고난을 받을까 걱정이 되어 매달려본다. 신은 전능하사 모든 것을 가능하게 하시니 말이다.

산 자는 절대 올라갈 수 없다는 천국. 심지어 그 외아들이며 신 자체인 예수도 죽어서 가야만 했던 천국이지만, 신께서는 너무도 사랑한 에녹은 그 죽음마저 안타까워 산 채로 하늘로 올리신 전능자 아니신가?

> 신(神),
>
> 비록 제가 믿음은 약하나 당신에게 기도합니다.
>
> 당신을 사랑했던 당신의 딸 이은주는 비록 당신이 금한 일을 했다고는 하나 당신께선 전능하시니 부디 그 죄를 용서하여 주옵시고 천사가 되게 해 주소서. 그게 다입니다.

다시 영화 〈번지 점프를 하다〉로 와서, 이은주 당신이 세상을 떠난 지가 벌써 수 해 전이건만 이제 기억하고 찾아와 안타까워하는 것이 무슨 의미냐고 하지만 너무 먼 곳에 있어서 이제야 찾아왔다고 미안한 마음을 전합니다.

영화 속 인태희 대사처럼 당신도 내게 꼭 그런 사랑스러운 눈으로 괜찮다고, 따스하게 웃으며 말하실 것 같아서 더욱 나를 슬프게 합니다.
이것으로 내 글은 마칩니다.
안녕.

내가 그다지 사랑하던 그대여
내 한평생(平生)에 차마 그대를 잊을 수 없소이다.
내 차례에 못 올 사랑인 줄은 알면서도
나 혼자는 꾸준히 생각하리라.
자, 그러면 내내 어여쁘소서.
-이런 詩(1933), 李箱

당신에게 이 글을 올린 것도 벌써 10년 가까이 되어 갑니다. 그동안 수많은 곳에 이 글을 올리고, 여러 곳에 저장해 두었지만 제자리가 아닌 듯하여 늘 맘이 편치 못했습니다. 그리고 가끔 지브리 애니메이션을 또 꺼내 보듯, 일부러 찾아보고 조금씩 고치면서 언젠가는 이 글이 영원히 있을 곳을 마련하리라 다짐했습니다.

그리고 2024년 드디어 내 글이 출간되려 합니다. 그럼 이 글이 마지막으로 있을 장소는 이곳입니다. 내게 수여된 작가라는 공간에서 당신은 내가 directing 한 모습으로 영원히 사람들에게 사랑받습니다.

이것으로 당신을 향한 내 마지막 추모제를 마칩니다.

2023년 8월, 시드니에서

• New Port, 2024

드림헌터

프로이디안이며 호주 회계사로 작은 인연, 사소한 것에 목숨거는 편입니다.
백원짜리 병아리를 키워서 T렉스 만들려는 노력 따위를 사랑합니다.
그런 분이라면 제 글을 좋아해 주실 거라 생각합니다.

사랑이라는 착각 : 오늘도 도끼맞은 너에게

초판발행 2024년 6월 14일

지은이 드림헌터
펴낸이 노현

편 집 배근하
기획/마케팅 이선경
표지디자인 이영경
제 작 고철민·조영환

펴낸곳 (주) 피와이메이트
서울특별시 금천구 가산디지털2로 53, 210호(가산동, 한라시그마밸리)
등록 2014. 2. 12. 제2018-000080호
전 화 02)733-6771
f a x 02)736-4818
e-mail pys@pybook.co.kr
homepage www.pybook.co.kr
ISBN 979-11-6519-260-0 93180

정 가 16,000원